LES FILLES ·

DU *PALAIS-ROYAL.*

Les trente deux Filles, dans l'Allée des Soupirs.

des Soupirs.

LE PALAIS-ROYAL.

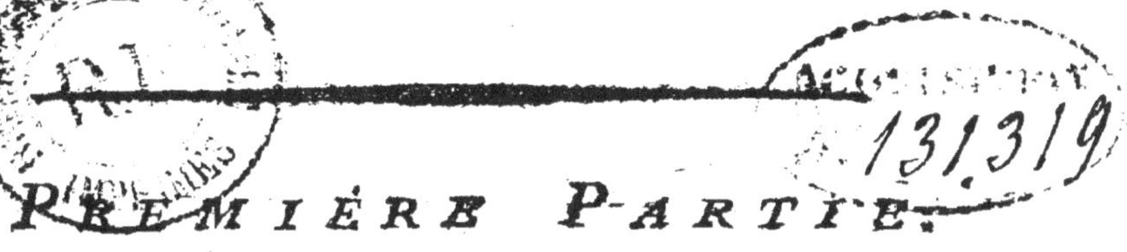

PREMIÈRE PARTIE:

LES FILLES DE L'ALÉE-DES-SOUPIRS.

O tempora ! ô mores !... *Cicero & Martial's.*

A PARIS,

AU PALAIS-ROYAL dabord ; puis ;
PARTOUT ;
Même chés Guillot, libraire rue des-Bernardins.

1790.

SUJET DE LA I ESTAMPE.

Les 32 Filles dans l'Alée-des-Soupirs.

On les voit designées par les chifres de la Table suivante, ét sous le coftume indiqué dans notre PREAMBULE.

TABLE DES MATIÈRES.

Les Filles de l'Alée-des-Soupirs.

Avis.

Tandis que des Journaliftes menfongers répandent le venin ét la terreur: Tandis que des Ames atroces cherchent à detruire la confiance; ét par un air-de-trifteffe, aggravent nos malheurs; ne ferait-il pas à-propos de montrer que la Nation a confervé le goût-du-plaisir, qu'elle n'eft point accâblée, ét qu'elle peut rire encore? Nous donc, Celibataire jadis celèbre, un-peu fingulier, peutêtre bizarre, avons entrepris de ramener la Nation à des idées plûs douces, ét tout en attaquant les abus, de prefenter quelquefois l'attrait du plaisir. Nous alons former une galerie de Tableaux gaîment-triftes; nous alons imiter *Timothée*, *Gretri*, *Daleyrac*, qui calment la fougue des paffions terribles, par le charme de la mufique: Nous alons tracer tantôt les

Avis.

Avantures originales d'Infortunées, devouées aux plaisirs, comme au mepris publics : Tantôt celles moins revoltantes, de ces Jeunes-Creatures, qu'on emploie, foit à la reftauration, foit à l'amusement de riches Vieillards.

Puiffions-nous intereffer ! Puiffions-nous quelquefois faire-jaillir une étincelle-de-confolation, du fein tenebreux du desordre !.... Puiffions-nous être moraux, au fein de l'immoralité ! Puiffions-nous, par d'autres vapeurs, éloigner de quelques Citoyens, les fuligineuses ét coupables chimères de quelques Journaliftes atroces, calomniateurs des Pères-du-Peuple !

Hommes-publics ! nous vous devoilons les abus : notre tâche eft remplie ; c'eft à vous-feuls qu'il appartient de les corriger.

LE PALAIS-ROYAL.

Par un INDAGATEUR, qui se nommera quelque-jour [*].

PREMIÈRE PARTIE.

HISTOIRE
DES FILLES DE L'ALÉE-DES-SOUPIRS.

Preambule.

Fi! quelle histoire! —Hâ-hâ! Monsieur, Madame, ou Mademoiselle, ne faites pas si *fi!* Vous lisez bien l'his-

---

[*] Nous composons ce petit Ouvrage anti-philosophique, dans un voyage fait très-clandestinement à Paris, cette année 1789.

I Partie. A v

toire des Singes? celle du Bœuf, de l'Élefant, du Rhinoceros? et Buffon a su vous intereffer pour l'Ane?... Nous alons, nous, vous parler d'Êtres-humains : Nous alons faire un Livre très-moral, fur de très-immorales Creatures, qui, malgré quelques reffemblances, font fort audeffus des Jumens, des Aneffes, et de toutes les Montures poffibles. Les Belles du Palais-Royal font très-jolies! furtout les Jeunes : Quant aux Vieilles, c'eft comme partout; Une vieille Bête n'eft jamais belle.

Quoi qu'il en foit, nous alons vous peindre des mœurs fingulières, infolites, et beaucoup plûs piquantes aujourdhui, qu'il y a fix mois. Nous vous en dirons la raison.

Mais auparavant, donnons une idée de la figure, de l'âge, de la tâille, de la mise [*], de la marche, des mœurs, & des talens de ces Belles, sous les noms-de-guerre qu'elles ont adoptés.

La Première de toutes, par l'importance qu'elle se donne, est FILUMÈNE, nom savant, qu'on a prêté sans-doute à cette Nymphe, lors de son debut, à-cause de sa tâille joncée. Elle marche lentement, avec dignité, portant autour d'elle des regards quêteurs, qu'elle s'efforce de rendre languissans. Elle est ordinairement en karako bleu-ciel, avec la jupe de gaze traînante. Elle est mieux chaussée que ses Compagnes, & jamais à-plat.

II. BOUTONDEROSE est une petite

____

[*] M.lle *Minette-S........* n'aime pas ce^t agréable mot. Pourquoi ? il est pittoresque, & vaut dix-mille-fois mieux que le celèbre *conséquent* de nos Cataugans & de nos Farauds.

A vj

ét jolie Perfone , toujours en linon : Elle affecte la marche de Filumène ; à-peu-près comme on voit qu'au Ciel, à la même heure où ces deux Belles fe montrent , la *Petite* affecte de reffembler à la *Grande-ourfe*.

III. MELANIE eft une grande fille, mife grandement, dont ordinairement la jupe de gaze eft bordée d'un large ruban violet : Elle a les cheveux du plûs beau noir ; mais elle n'eft pas jolie : Cependant elle a des Amateurs, qui vont chés elle admirer la grande Nature.

IV. AGLAÉ. C'eft une jolie Fille, un-peu moins grande que Filumène, ét qui lui reffemble ; car fouvent on la prend pour Celle-ci : Elle eft mife avec goût, mais moins bien que fon Modèle : Pour qu'elle brille, il faut que Filumène ait mené Quelqu'un *à la maifon*.

V. Rosemonde. C'eſt une Allemande charmante, d'un blond cendré
très-agreable, ét dont la marche, reſ-
ſemblante à celle de la Princeſſe de-***,
ét d'une Belle encore plûs-relevée,
inſpire la volupté. Elle eſt preſque
toujours en gaze, coifée en fleurs, ou
ſeulement de ſes beaux cheveux, qui
ſont moins touffus, depuis quelques
mois: Elle demeure *rue-du-Bouloi.*

VI. Bienfaite: C'eſt une Brune,
à couleurs fortes, qui peutêtre a pris
ſon nom de ſa tâille parfaite: Elle eſt
très-brune, ét très-ſote.

VII. Fayelle: Grande Femme,
avec une grande bouche, demi-blonde,
qui a pris ſon nom de ſa reſſemblance
avec une Actrice de la Comedie-ariette.

VIII. Chouchou, petite Fille très-
jolie, ou plûtôt mignone, d'environ

douze ans, que conduit une grosse Femme, dont l'air annonce tous les vices.

IX. CECILIA : C'est une blonde faite au tour, ayant la demarche voluptueuse, l'air distingué : Elle est ordinairement en jupe de gaze, avec un corset brun uni, ou tout en blanc : Elle ne va jamais seule, & donne toujours le bras à une sorte de Cuisinière ou de Femme-de-chambre. On l'appelle, *La Blonde-voluptueuse.*

X & XI. CECILE & ROSETTE, deux petites Filles, d'environ 14 à 15 ans, toujours ensemble : Cecile est très-jolie, mais coquine, insolente; Rosette est brune, un-peu pâle, mais douce, complaisante : On va *à la maison* pour Cecile; l'on y reste pour Rosette.

XII. ZAÏRE : Fille suelte, presque

toujours mise en rayé brun. Elle est d'une jolie figure arrondie & riante. Nous l'avons-connue dans une occasion singulière ! Le 1 Octobre 1789, un Garde-nationale la rencontra dans l'alée la plus proche du Club, & lui parla : Après une vingtaine de pas, elle voulut le quitter, & prendre l'alée-du-milieu. L'Homme la retint, & lui saisissant assés rudement le bras, il lui dit : Marche, là, devant moi, sur cette ligne-. Et elle marcha ; mais en lançant un regard desarmant, si doux, si touchant, qu'il nous fit impression. En - effet, cette soirée - là, les Filles-du-Palais-royal étaient le jouet de la Jeunesse indisciplinée, qui les entourait, les troussait, & les fouettait. Nous ne sommes ni les soutiens, ni les apôtres du vice : Mais nous disons que cette coupable licence, que l'on souffre, sans mot dire, accoutume une Jeunesse, composée d'Apprentifs, à devenir cannibale.... Auffi, la pauvre Zaïre tremblait - elle que le jeune Garde-bourgeoise ne la livrât à ces *Tigrots.* Elle fit tout ce qu'il voulut. Nous obfervames qu'un des ordres qu'il lui donna, fut d'aler embraffer un Abbé; puis, de fe trouffer au-milieu de l'alée. Il falait voir l'air de Zaïre!... Elle nous fit pitié; nous la delivrames, malgré notre infirmité notoire.

XIII. ADELAÏDE: Grande ét charmante Fille, ayant l'air auffi decent, que fon état l'eft peu : Elle paraît rarement, ét toujours avec une groffe Femme, qui, dès qu'on l'a regardée, dit, *Nous alons à la maison :* Et elle y va. On la nomme l'ATHENIENNE.

XIV. DORINE, ou la PHILOSOPHE. C'eft une Fille de 24 ans, l'air diftingué, ordinairement vêtue en mouffeline fur un fond rose : Elle marche avec grâce ét lenteur ; ce qui lui fiéd, à-cause de fa delicateffe : Elle eft très-polie, ét fa converfation a des charmes.

XV. COQUINE : C'eft une petite Fripone, fouvent en corfet rose, bleu-ciel, ou aurore, avec la jupe de gaze : Elle eft très-jolie, très-effrontée, très-provoquante, & elle a choisi le nom qui la caracterise.

XVI. ÉLISE : Femme tâillée par la Volupté, plûtôt que par les Grâces : Elle a 25 à 26 ans ; fa tâille eft épaiffie, mais admirablement coupée ; fa marche, fon tour-de-jupe, fon port-de-tête inf-pirent la volupté. On ne la voit qu'en blanc, en jupe non-traînante ; celle à la mode, malgré fa grâce, lui ferait perdre quelque-chose.

XVII. ÉLEONORE : C'eft une Eveillée, le plûs-souvent en corset brun, avec la jupe de gaze traînante: Elle est vive, enjouée, ét donne plûs de plaisir par Momus, que par Cypris.

XVIII, XIX, XX, XXI, XXII, XXIII, XXIV. Sofie, Angelique, Adèle, Zefire, Zoé, Esther, Zilia: Jeunespersones, qui viennent rarement dans le Jardin le soir, quoiqu'elles demeurent dans une maison voisine, chés une celèbre Matrullê. On les nomme les *Houris*. Sofie est brune, Angelique est blonde, Adèle est rouge, ét Zefire cendrée. Lorsque vous entrez, on vous livre à Sofie, qui modestement parée, vous reçoit avec une politesse bourgeoise, ét vous persuade, que vous êtes avec une Honnête-fille: Elle aigüise les desirs, ét ne les satisfait pas. Au moment où vous devenez pressant, une porte s'ouvre, vous poursuivez la

Belle, ét vous tombez dans les bras d'Angelique, qui a beaucoup plûs d'éclat.

Vous trouvez ici une douce langueur, ét tout ce qui peut flater la vue, des pieds à la tête : Excité par tant de charmes, vous voulez jouir... Angelique se derobe, ét vous trouvez Adèle.

Cette belle Rouge ne blesse par aucun defaut de sa couleur ; elle n'a ni odeur, ni taches rousses : C'est une blancheur éblouissante ; elle est plûs parfaite qu'Angelique : Vous êtes en feu. Elle disparaît, comme les deux Autres, ét vous trouvez Zefire.

C'est une celeste Creature que celle-ci, ét la plûs belle des quatre : Ses cheveux fins, son air touchant, ses manières caressantes vous empêchent de regretter ses Compagnes. Vous ne vous possedez plus, ét la delicate Zefire ne pourrait se defendre d'un Homme vigoureux. Quatre nouvelles Filles très-jolies viennent à son secours, vous enlèvent, elle fuit, ét vous vous refroidissez avec Une des quatre.

Zoé est destinée à doubler Zefire, ét non à la remplacer : c'est une charmante Blonde! mais ce n'est pas Zefire.

Esther est une Noire parfaite, ayant l'air tendre, languissant : Elle parle à-peine français : Mais ses demi-expressions sont touchantes ét voluptueuses : Elle est née en Afrique, au royaume de Juida ; c'est une des Filles d'un Grand du pays ; le Fils-aîné, heritier unique du Père, la vendit avec sa Mère aux Europeans.

Zilia est metive, un-peu cuivrée, & paraît descendre d'une Peruvienne ét d'un Français : Elle a de belles couleurs rosées, ét la peau d'un satiné admirable. On vous demande votre goût : On vous donne Esther, s'il eſt noir; mais on ne vous la laiſſe pas : Zilia ſurvient. Elle eſt unique, ét jamais elle n'accorde le complement; de jolies, mais ignobles Creatures la ſubſtituent.

On donne, pour tout - cela, depuis un louis, juſqu'à deux , ét l'on a de la volupté pour ſon argent. Mais après avoir paſſé par les mains de ces Creatures , il n'eſt plus d'Homme qui ſoit homme avec les Femmes-honnêtes; il les fuit, il eſt blâsé; il eſt nul pour le mariage ét la generation : Un Jeune-ſeigneur, pour avoir un Heritier, a été dernièrement obligé de conduire ſa Jeune-épouse dans cette maison, ſans la lui faire connaître; elle a ſuccedé à Zefire, ét elle eſt devenue mère. Je ne ſais; mais il me ſemble que l'Enfant, ainſi conçu, dans le delire de l'imagination d'un Père affaibli, ſera languiſſant, imbecile, ou vicieux. Les ſix

Belles , Sofie , Angelique , Adèle , Zefire , Efther ét Zilia , fe nomment les *Houris :* On affure qu'elles font encore vierges , ét qu'au moment où elles auront ceffé de l'étre , la Matrullé leur en fubftituera d'Autres , qu'élle fait élever pour ce rôle , dans une maison feparée.

XXV , XXVI , XXVII , XVIII.

DOROTHÉE , JEANNE , AGNÈS , CORISANDRE :   L'art de la debaûche eft aujourdhui porté , à Paris , beaucoup audelà de ce qu'il était chés les Romains , du temps de Petrone , de Juvenal ét de Martial ; c'eft-à-dire , fous les Neron ét les Domitien :   Les quatre Filles que nous venons de nommer , expriment , par leurs noms , leurs charmes, ét leur caractère , célui des quatre Heroïnes de la *Pucelle* de Voltaire : Pour un louis , elles fe fuccèdent ; pour fix francs, on n'en a qu'Une, ét l'on choisit: L'Un veut Jeanne, qui eft terrible; l'Autre la douce ét tendre Dorothée; Celui-ci Agnès la timorée; Celui-là, la fote Corisandre.

XXIX, XXX, XXXI, XXXII.

Une autre Matrulle du Palais-Royal, a trouvé un moyen nouveau de gâgner de l'argent : Elle eft riche; elle a fait en grand fon metier, qu'elle a pris par goût : avant d'être Artifte, elle était *amateuse* : Elle cherche partout de jolies Fillettes, qui reffemblent aux plûs belles Femmes de la Cour ét de la Ville; elle les leur fait voir, par des moyens qu'elle paie fans-doute aux Domeftiques, les leur fait imiter du plûs près poffible; les habille comme elles; leur fait affecter le même fon-de-voix, les mêmes nuances, adopter les mêmes mots favoris, les mêmes tournures;

Ét quand elle a reüſſi, elle decouvre les Hommes hors - de - portée, qui ſont amoureux de ces Dames, ét leur fait payer chèr une illusion *Ixione*. Elle a ainſi vendu en effigie tout ce qu'il y a de grand à la Cour ét dans le Royaume : Elle donne à ces Filles les noms de leurs Reſſemblances ; ét comme les Dames ſont plûs-âgées, la Matrullê, par la parure, fait avancer l'aiguille du temps ſur ces Statues animées. On n'oſe ici dire les noms qu'ont porté les quatre Filles, dont il eſt queſtion dans cet article. On les appelera ſeulement, GERTRUDE, ISABELLE, ROSIÈRE, ét POLHIMNIE : La Matrullê ſe nommait CUNEGONDE.

Parlerons-nous des Crabes, des Grenouilles, des Araignées, des Chauveſouris du Palais-royal ?

D'une *Louise* deja vieillote, qui fait l'Enfant,

l'Enfant, à-cause de sa petite tâille ?

D'une *Marguerite*, qui se fait appeler *Amenaïde*, & qui va toujours disant, qu'elle vous a reçu chés elle, en vous citant le jour & les circonstances ?

D'une *Rose*, avide sangsue, qui accoste les plûs jolies Filles, pour se donner un prix ?

D'une *Françoise*, qui se fait appeler *Française*, parcequ'elle va toujours avec une certaine *Fanni*, qui se dit Anglaise, & qui fait l'Auteur ?

D'une *Denise*, vieille Comtoise, qui en impose le soir, par sa tâille guêpée.

D'une *Reinette*, grande grenadière au ton soldatesque ?

D'une *Trotine*, ainsi nommée de sa marche provoquante, & de son air affairé ?

D'une *Toinette*, que sa petite tâille fait paraître une Enfant de cinq ans ?

D'une *Louise*, qui, malgré sa figure

I Partie. B

commune, se croirait deshonorée, si elle se promenait dans les Alées, ou si elle passait sous les Arcades du Club?

D'une *Jeannette*, qui se met en petite Couturière propette, passe auprès de vous, en vous lançant un long regard modeste; mais qui n'en est pas moins une insatiable Harpie?

D'une *Claudette*, qui fait la niaise en parlant ét en marchant, mais auprès de laquelle vous ne trouvez rien de naïf, dans le tête-à-tête?

D'une *Raimonde*, blonde très-jolie, qui s'est recrêpie on ne sait comment; car elle paraît plûs jeune qu'il y a dix ans, ét deux dents qui lui manquaient sur le devant sont revenues?

D'une *Mimi*, qui porte ce nom par antiphrase; car c'est un colosse, qui se met en cuisinière propre: sa tâille n'a de grâce que pardevant?

D'une *Aimée*, petite honteuse, qui

a l'art de rougir, dès qu'on la regarde , &t qui femble toujours être à fon premier raccroc?

D'une *Nina*, efpèce d'endolorée , qui affecte de faire la folle, &t de fe coîfer comme MAD. Dugazon?

D'une *Renaudette*, qui reffemble fort à Mademoiselle Renaud l'aînée, reffemblance qui lui aurait immanquablement procuré quelques bonnes-fortunes, fi elle n'était par amoureuse de tous les Jeunes-gens de feize ans, &t auffi groffièrement impudente, que fon Modèle eft timidement modefte ?

(Elle a, dans le commerce, deux Sœurs; une Cadette très-jolie, qu'on nomme *Josefine*, ou la *Cerise*; &t une Aînée, dite la *Graveline*, d'environ vingtcinq ans, belle-femme, mais très-mechante: C'était un beau fang ! On doit regretter que trois belles Filles fe foient perdues pour la generation presente, dans la clâffe precieuse des Artisans, pour être des catins mediocres?

D'une *Nicolette*, jolie, charmante! qui retrace les attraits d'une Brune brillante, qu'on rencontre fouvent dans la rue Saintjaques : Elle eft douce, complaisante ; mais elle manque d'efprit ; elle ne parviendra jamais ?

Non-plûs qu'une *Mariejeanne*, jolie poiffarde, toujours mise dans fon coftume, mais qui ayant eu le malhenr de fe laiffer contagier, à fon premier debut, a pris au traitement, un fumet oral; fon fouffle repouffe Ceux qu'attirait fa beauté?

D'une *Pelagie-Teillovi*, qui f'eft debaûchée, pendant que fon Père était Colporteur au Palais-royal: Elle a feduit, avec des chateries, trois Sœurs qu'elle a, *Florence*, *Reine*, et *Tobiette?*

D'une *Nannette*, une fille de Fruitière, qui vous conduit dans des alées, à-l'aide d'un petit Frere qui fait le guet: Cette Infortunée fera perdue, avant que d'être fille ?

D'une petite *Manette*, orfeline de neuf ans, dont une odieuse Creature s'eft emparée, pour en profaner l'enfance : Elle demeurait chés un Chandelier, à la Porte-Buffi ?

D'une *Flipote*, jeune femme d'Ouvrier, debaûchée par la Corruptrice de la Precedente; fous pretexte que le Mari étant valetudinaire, elle a befoin de gâgner ?... &c.

Non, non, nous ne parlerons pas de ces ignobles Malheureufes, dont hier nous defendimes Une des plûs jeunes, contre les attaques de dix Petits-garfons, qui la voulaient obliger à fatiffaire, dans le jardin-même, le Plûs-âgé d'entr'eux. Car la Police eft horriblement negligée, depuis quelque-temps !

Nous conduirons enfuite nos Lecteurs au CIRQUE, ét nous pafferons en revue differens Ordres de FILLES, qu'il fera bon de faire connaître, dans les deux *Parties* fuivantes: Savoir ;

Les SUNAMITES, ou les RESTAU-RATRICES ; qui deviennent enfuite,

BERCEUSES ;

CHANTEUSES, ou CANTATRICES ;

Et CONVERSEUSES.

Enfin NOUS terminerons, par cinq Hiftoriettes intereffantes, les IV GEN-TILSHOMMES POPULAIRES, avec la MÉRE GRANDOMANE, ét le CURÉ PATRIOTE.

Mais, revenons à l'Hiftoire de cha-qu'une des FILLES de l'ALÉE-DES-SOU-PIRS, telle que nous fommes parvenus à la decouvrir, en employant les mo-yens les plûs adroits.

Ire F I L L E :

F I L U M È N E.

Pour lancer une Femme dans le grand-monde, il faut un puissant ressort. Des dispositions naturelles sont necessaires, pour faire un grand rôle, pour le faire avec grâces, avec aisance, avec goût. En voyant Filumène au grand jour, on s'aperçoit aisement que tous ses traits sont reguliers, doux, ét qu'ils étaient faits pour la vertu. Cette observation, que nous fimes, en lui rendant visite à onze heures du matin, nous donna un pressentiment de son histoire. Nous lui dîmes, qu'elle était d'une condition non-commune, qu'elle avait été honnêtement élevée, ét que nous serions charmés de la connaître à-fond?

Filumène sourit, tergiversa, nous mentit, ét nous renvoya insatisfaits.

B iv

Nous eumes recours au Regître de l'Inspecteur, ét nous y trouvames les vrais
noms de la *Fille*, sa rue, la condition
de sa Mère.   C'en fut affés ; nous nous
rendimes dans la rue *Mazarine*, ét à-
force d'informations, nous y apprimes
ce que nous voulions favoir.

En 1770, il y avait dans ce quartier,
une Jeune-parfumeuse, à laquelle on
ne voyait pas de Mari.   Elle en avait
un cependant.   C'était un affés bel-
homme, l'air diftingué, toujours en
jolie perruque blonde, qu'on appelle
bonnet, en habit gris très-propre, avec
un collet violet, des bas-de-foie blanc-
perle, culote ét vefte de fatin de même
couleur.   Cet Homme était extrême-
ment poli pour les Voisins.   On le
voyait rarement ; mais il foupait tous
les dimanches - foir avec fa Femme.
—Le joli menage (disait-on)! Quel
dommage que l'emploi de cet Honnête-

homme l'oblige à s'éloigner de son aimable Femme !... Ne coucher avec elle qu'une-fois par femaine ! c'eft terrible !..., —Il eft apparemment homme-d'affaires d'un Grand - feigneur-... Tels étaient les difcours du Voisinage.

Mad. *Torel*, c'eft le nom de la Mère de Filumène, eut une Fille, qui fit l'admiration de tout le monde par fa gentilleffe : Elle en eut enfuite une feconde, appelée *Sofie*, plûs mignone encore. Ces Enfans avaient eu de fuperbes layettes, ét l'on disait, dans le quartier, que M. l'Intendant fesait bien fes affaires. Jufqu'à l'âge de 12 à 13 ans, c'eft-à-dire, jufqu'en 1784 ét 5, les deux Sœurs étaient mises comme des Jeunes-perfones de-condition. Perfone ne foufflait; on croyait favoir ce qu'était leur Père; on avait même decouvert qu'il était l'Intendant d'un Evêque.

B v

Mais tout-à-coup, en 1786, la Parfumeuse parut triste, éplorée : elle prit le deuil-de-veuve. Ses Filles étaient encore plûs-jolies, sous ce triste costume. On vit alors paraître quelques beaux Messieurs à la boutique de la Mère, qui abandonna son commerce : Elle disparut avec ses Filles.

C'est que leur Père, non l'Intendant, mais l'*** de *** lui-même, était mort d'appoplexie, sans avoir pu rien faire pour sa Femme, ni pour ses Enfans. Nous disons sa Femme : c'est qu'effectivement le faux Torel l'avait épousée, sous le nom de son Valet-de-chambre, et qu'il s'était fait recevoir marchand-Parfumeur. Aussitôt après sa mort, Mad. Torel, qui n'avait pas menagé, se trouva presque sans ressources, avec sa mauvaise-boutique. Quelques Connaissances de son Mari vinrent la voir, et se proposèrent pour entretenir ses Filles, après lui avoir declaré, ce qu'était fon Mari ; car elle l'ignorait.

Le plûs Scelerat d'entr'eux, riche beneficier deguisé exprès fous l'uniforme l a Marine, eut Filumène, l'aînée. Il la feduisit, la corrompit, ét quand il en fut las, il la mit chés une Matrullê, qui profita de la feconde fleur de fes charmes. Filumène, qui fe vit recherchée, fentit enfin tout ce qu'elle valait : Elle voulut fe mettre à elle, ét loua un bel appartement, celui qu'elle occupe aujourd'hui, 3 augufte 1789, ét où elle exerce fon art : Car celui des Filles comme elle, n'eft pas un metier, à-cause de fes fineffes exquises. Filumène tâche d'avoir des grâces, de la politeffe, des talens : Elle eftropie un-peu tout-cela ; mais on lui tient-compte de la bonne-volonté.

Nous en refterons-là, pour cette première *Fille.*

Quant à Sofie, fa cadette, plûs heureuse que fon Aînée, elle eut pour Amant un premier Commis des Bureaux de Verfailles, qui devint veuf la feconde année de *l'entretènement.*

Il était fi charmé de la beauté, des grâces de Sofie, fi touché de fon attachement, qu'il l'a époufée. Elle eft paffablement heureuse. On dit qu'elle ignore le fort de fa Sœur. Elle l'apprendra par cette hiftoriette : Car, vu la celebrité de notre nom, nous efperons qu'elle fera lue de tout le monde.

NOTA. Filumène n'eft plus Fille-publique aujourdhui 15 decembre 1789 : Elle eft montée d'un cran.

II.de FILLE:

BOUTONDEROSE.

Cette Enfant n'a pas 14 ans : Elle a sans-doute pris son nom de sa jolie figure, ornée d'une bouche mignone. Son origine ressemble beaucoup à celle de Filumène.

Deux Sœurs, l'une appelée *Rosette*, l'Autre *Rosalie*, vivaient avec leur Mère, veuve qui avait-été belle-femme. Rosette était-une majestueuse Fille, d'une belle proportion, d'une grande beauté ; ayant tout parfait, la main, la taille, la jambe, le pied ; de beaux cheveux noirs, un air noble &c.

Rosalie était blonde, plûs petite ; elle avait- un visage arrondi, un joli sourire, &c.

Un Homme riche, qui vit Rosette, eut-envie de lui faire un Enfant. Il presuma qu'en jetant sa Progeniture dans un si beau Moûle, il aurait un Resultat superbe, auquel il s'attacherait, ét qu'il legitimerait, d'après les circonstances. Il fit connaissance de la Mère, femme du-commun, que le Père des deux Belles avait épousée par amourette, ét hasarda ses propositions, de cet air philosophique qui persuade, quand il est accompagné d'or. La Mère l'écouta, fut convaincue, ét lui procura un entretien avec sa Fille la brune.

L'Homme riche n'était pas un de ces Seducteurs à paroles emmiellées; il parla sans detour, fermement, ét avec des raisons : —Mademoiselle (dit-il à Rosette), vous êtes belle, superbe ! je voudrais avoir un Enfant de vous, parcequ'il aurait sans-doute quelque-chose de cette belle forme qui vous distingue. Consentez-y, ét je vous fais 2400 livres de rentes aujourdhui-? Rosette, étourdie de la proposition, ét de la manière dont elle était faite, demanda du temps pour se consulter. La Maison était gênée ; on accepta le contrat, qui fut passé devant Notaires, ét le soir-même, le Donateur fut admis auprès de Rosette.

L'Homme *dormit* avec elle, jusqu'à ce qu'elle fût enceinte : dès que les premières indices de grosseffe parurent, il dit à la Belle : — Mademoiselle, je ne suis pas un libertin : je suis même très-peu fenfible aux plaisirs de l'amour : je ne le suis qu'à ceux de la paternité : vous êtes *prise ?* (à ce que dit votre Mère) : je me retire, ét ne veux plus vous gêner. Il se retira en-effet.

Il eut cependant l'œil sur la conduite de Rosette. La Belle avait du temperament. Un joli Jeune - homme lui plut, ét elle èut quelques faibleffes... Le but de l'Homme riche avait été, fi elle avait une Fille, de tâcher de lui faire un Garfon, ét alors de l'épouser.

Mais l'infidelité l'éloigna pour jamais. Il avait resolu, si c'était un Fils, de le faire enlever, & de l'élever lui-même. Ce fut une Fille, qu'on nomma Rosette, ou Boutonderose : il ne s'en inquiéta plus, & la laissa chés sa Mère, en lui constituant, neanmoins, une rente égale à la première. Ce qui l'écarta encore, ce fut de voir Boutonderose petite ét délicate. Il perdit de vue la Mère ét la Fille.

Boutonderose avait dix ans, ét elle était en pension, avec sa Mère, dans une maison de la rue *Saintmartin*, près l'Opera, quand sa gentillesse, frappante dès-lors, ét sa propension à caresser les Hommes, donnèrent à un Libertin, premier commis de l'Intdnt, l'envie de l'enlever. Il se fit aimer de Boutonderose, ét un beau jour, dans l'aprèsdinée, qu'elle était restée seule à la maison, avec une vieille Servante, il entra, sans être vu, dans le cabinet

où la Petite deffinait, lui fit fes propositions, lui decouvrit fa naiffance,
ét que fa pretendue Mareine était fa
mère, la perfuada, & l'emmena.

Rosette fut deflorée par ce Miserable, avec des peines infinies. Il la
garda un an; f'en laffa enfuite, en prenant du goût pour une Fille faite, ét
la remit à une Matrullé du Palais-
royal.

Boutonderose éft reftée dixhuit mois
à rapporter gros à cette Famme. Mais
bientôt elle f'eft ennuyée de la fervitu-
de, ét confeillée par une Cuisinière de
la Matrullé, elle f'eft mise à elle, à
quatorze ans ét demi, ce 1.er 7bre 1789.

Nous efperons que le Père de Rosette,
après avoir-lu cette hiftoire, viendra
au fecours de fon infortunée Fille!..
Sa Mère aumoins la reclamera.

III.me FILLE:

MELANIE.

Un Abbé fort laid , exjesuite, s'établit à Paris, rue *Sainthiacinte*, en 1765 ou 6. Il avait sa pension, quelque patrimoine , ét une Sœur un-peu plûs riche que lui, attendu qu'elle avait été seduite par un riche Prlt, à l'âge de quatorze ans. L'Abbé *Naya* fit venir auprès de lui Mlle *Melanie*-Naya sa sœur, ét ils mirent en commun leurs deux *avoirs*. Aubout de six mois de societé, Melanie accoucha d'une Fille. Son Frère avait dit à tout le monde, au commencement de la grossesse ; que sa Sœur était veuve.

L'Enfant était destinée à l'hôpital : mais il arriva que la Mère eut trop de lait; le Medecin lui conseilla de nourrir. Elle alaita sa Fille. Voila comme la petite Melanie-*Levéque* fut élevée. On s'y attacha : l'Oncle s'était fait Journaliste ; il vivait dans l'aisance, ét cette Enfant l'amusait.

La jeune Melanie grandit. Elle n'était pas belle ; mais elle était faite comme on fait ; elle avait la peau blanche, ét ces cheveux si noirs, qu'on admire. Il venait chés le Journaliste Naya, beaucoup d'Auteurs, petits, grands, riches, pauvres, beaux, laids, froids, chauds, &c. Un d'eux, qui était riche, laid ét chaud, trouva plaisant de feduire la Nièce du Journalifte, qu'il croyait fa fille, pour fe venger de la manière perfifflante dont Naya avait annoncé fa Production la plûscherie. M. *Rocher* guetta la petite Melanie, dont l'efprit était nourri de la lecture de tous les Romans ét de toutes les Poéfies érotiques qui fe fabriquaient dans la Capitale. Il la trouva un-jour au Luxembourg avec fa Mère. Il était accompagné d'un Ami très-doré : Il pria Celui-ci d'occuper la noire & laide Melanie, tandis qu'il parlerait à la Jeune. Mlle Naya-mère fut éblouie par la dorure, ét trouva très-fpirituelles les choses que le Verluisant lui debitait : Elle fut diftraite. M. Rocher ne f'oubliait pas auprès de la Petite. Il lui fit des propositions brillantes, ét qui parurent fi reelles à la Jeune-perfone, qu'elle fut determinée furlechamp. Le riche *Lettreur* en fut furpris, ét ne la crut pas innocente. Cependant il profita de l'occasion. Il emmena la Petite, alors âgée de dixfept ans-fix-mois.

Aubout de la grande alée, la Mère fe retourna ; elle ne vit pas fa Fille. Rocher, qui venait de la mettre dans une maison voisine, paraît alors, ét demande à la Dame, fi elle a maltraité fa Fille ? Mlle Naya convient d'une querelle affés forte le matin. Rocher lui dit, qu'elle vient de fuir ; qu'elle voulait qu'il l'accompagnât ; qu'il s'y est refusé ; qu'un autre Homme de la connaissance de la jeune Melanie étant survenu, la Petite était alée se jeter dans ses bras ; qu'ils étaient montés en fiacre, et qu'il accourait pour l'avertir. Il dit le n.°, et promit de decouvrir la retraite de la Demoiselle.

Grande rumeur ! On s'en retourna. L'Abbé-Journaliste mit tout en combustion, et ne retrouva pas sa Nièce, qui était chés M. Rocher.

Celui-ci, que la facilité de Melanie-Levêque avait mal-prevenu, la traita lestement, et ne crut pas à son bonheur reel. Il fit pis encore : Animé par la vengeance, il voulut lui faire multiplier les écarts, pour aggraver l'avilissement de la Fille de son Critique : il ceda Melanie à un Ami : Celui-ci à Un-autre. Elle passa par dix mains, avant d'être placée chés une Matrullê, avec quî elle eſt reſtée deux ans. Elle ſ'eſt enfin mise à elle depuis la mort de ſa Mère, arrivée en 1788. Elle n'eſt pas jolie : mais elle a des Amateurs , qui vont la visiter, pour ſatiſfaire le plaisir de la vue.

NOTA. Melanie était encore au Palais-royal , mardi 15 decembre. Elle nous parut fort triſte ! Nous lui en demandames la raison ? Elle venait d'entrevoir ſon Oncle. Ceci nous a donné l'idée de la ſervir. Nous avons averti M. Naya le dimanche 20 ; ét le lundi 21 , il avait retiré Melanie du desordre.

IV.ᵐᵉ F I L L E:

A G L A É.

Une riche Marchande de la rue *du-Roule*, avait deux Filles très-jolies : Elle maria l'Aînée à un Intrigant, qu'elle crut un bon parti, lequel en eut une Fille, ét fit mourir la Mère de chagrin.

Cette Enfant fut élevée au Couvent jusqu'à l'âge de dixhuit ans, que fa Grand' mère maternelle mourut. Le Père alors, profitant de l'inexperience de fa Fille, la tira du Couvent, ét f'appropria tout fon revenu, qui était d'environ fixmille liv. C'était une trouvâille, pour un Joueur, un Chevalier-d'induftrie, qui, depuis quinze ans, ne vivait que d'efcroqueries. Il joua; perdit. Maiscomme il ne pouvait toucher au fonds, il eut l'infamie de chercher une reffource dans la beauté de fa Fille.

Pour parvenir à realiser son horrible deſſein, il voulut qu'elle eût une faibleſſe honteuse, ét voici comme il ſ'y prit. Il fit-voir ſa Fille à une Matrulle celèbre. Cette Femme vint à la maiſon, comme une Connaiſſancehonnête ét après une ſorte d'intimité, demanda quelquefois Aglaé, à laquelle on le procura le divertiſſement du ſpectacle, chés *Audinot* ét *Nicolet*, ces corrupteurs des mœurs publiques, qu'ils attaquent dans la claſſe la plûs ſeductible ét la plûs utile de la Société. Ces ſpectacles obſcènes égayèrent la vertu d'Aglaé. On la fit trouver à quelques ſoupers de *parties*; mais elle ne vit pas encore l'arrière-ſcène. Enfin, un ſoir, on l'enivra, ét elle paſſa la nuit avec un Homme!...

Ce Libertin fut ſi content d'Aglaé, qu'il offrit de l'entretenir. On l'y fit conſentir avec adreſſe. Elle retourna

chés

chés fon Pére. L'Entreteneur pour-
voyait aux besoins de fa Maîtreffe, ét
le Père confumait tout le revenu. Il
emprunta même quelques fommes à
l'Amant de fa Fille. Celui - ci fe
laffa de prêter, ét fit fortir Aglaé de
la maifon. Le Père l'attaqua en rapt,
pour avoir de l'argent. L'Entreteneur
prouva qu'il avait trouvé la Demoiselle
dans un lieu-publiq. Alors le Père
coupable & denaturé denonce fa Fille,
ét la fait mettre à l'Hôpital...

Elle en fortit trois jours après, par
le credit de fon Entreteneur. Mais
ce fut une tache aux ieux de cet Homme, qui ne vit plus, dans la Jeune-perfone, qu'une Malheureuse, flêtrie par
une condamnation à l'Hôpital....... Il
l'abandonna peu de temps après.

Aglaé ala demeurer chés fa Corruptrice, qui la traita comme fes *Filles*
ordinaires. Aglaé ne put fupporter ce

genre-de-vie cruel, qui n'eſt propre qu'à des Femmes du bas-étage, accoutumées aux orgies, à ſe gourmer, en-un mot, à un train-de-vie ſoldateſque : Elle a quitté la Matrullê, ét ſ'eſt miſe à elle.

Il faut eſperer que la lecture de cette hiſtoire lui fera ouvrir les ieux ſur ſon miſerable état, qu'elle changera de conduite, elle qui eſt née honnête, ét qui n'eſt pas volontairement tombée dans le vice ; qu'elle ſ'adreſſera aux Magiſtrats, contre ſon indigne Père, ét qu'elle meritera qu'on lui rende juſtice.

Vme FILLE:

ROSEMONDE.

La seconde Fille de la Dame de la rue *du-Roule* avait épousé un Medecin celèbre, qui fut appelé en Allemagne auprès d'un Souverain puissant. Cet Homme était vicieux. Il devint riche de 40 mille liv. de revenu, se degoûta de sa Femme, qu'il renvoya en France avec une petite pension, ét garda auprès de lui les deux Filles qu'il en avait eues.

Pigeonier (c'est son nom), aimait ses deux Filles, surtout l'Aînée, qui était une Beauté. Mais il n'en était pas plus économe. Il avait des Maîtresses, auxquelles il prodiguait son argent, ét loin d'économiser avec ses 40 mille liv. d'honoraires, il s'endettait. Sur la demande de sa Femme, il lui envoya leur Cadette. Cette Jeune-perſone arriva dans la Capitale à la fin de 1785.

Pigeonier ne voulait pas que ſon Aînée ſût l'adreſſe de ſa Mere ét de ſa Sœur ; il ſupprimait leurs Lettres depuis longtemps. Il ſe livra plûs que jamais à la débauche, qui lui causa enfin la mort, au mois de ſeptembre 1786.

Perſone n'écrivit à la Veuve : ſes Lettres brûlées ne laiſſaient pas ſavoir où elle demeurait. Dailleurs, les dettes abſorbèrent bien audelà de tout le mobilier.

Rosemonde, jeune, belle, formée à l'art de plaire, par des Femmes peu-decentes, ſe trouva ſeule, abandonnée, n'ayant de Connaiſſance intime que ſon Ennemie la plûs cruelle, la dernière Maîtreſſe de ſon Pere, qui avait toujours été jalouse d'elle. Cette

Femme la prit avec elle, vendit fa fleur à un Homme riche, fans trop f'embarraffer de fes larmes, puis l'amena dans Paris, où elle la proftitua.

Cette abominable Creature mourut fix mois après, d'avoir mangé goulument un refte de poiffon, accomodé de la veille, ét gardé dans un vase de cuivre mal-étamé.

Rosemonde fe trouva feule, ét fut l'heritière de cette Femme, qui lui donna tout en mourant. La Jeune-infortunée continua fon vil commerce. Mais nous avons ici un denoûment recent, pofterieur à l'impreffion du *Preambule* de ces hiftoriettes : Il eft du 6 octobre 1789.

Madame Pigeonier ét fa Fille-cadette étaient alées dîner ce jour-là chés une Tante, dans la rue Saintvictor. Un Homme très-repandu f'y trouva. On parla de differens évènemens, entr'autres des malheurs d'Aglaé, qui venaient de se decouvrir à sa Famille. L'Homme repandu, à cette occasion, parla des Filles du Palais-royal : '—Je n'en connais pas (dit-il), de plûs interessante qu'une Jeune-allemande, appelée Rosemonde. C'est l'enjoument, la douceur, l'amabilité, la decence personifiées ; mais ce qui me surprend, c'est qu'elle a des traits de Mademoiselle–! (montrant la Cadette).

Ces mots frappèrent madame Pigeonier, ét tout le reste de la Compagnie. Malgré le mauvais-temps, on resolut d'aler au Palais-royal. On sait que cette soirée du 6, toutes les boutiques étaient fermées, ét que le Café *Manouri* fut clos, pour la première ét l'unique fois, depuis quarante ans. On ne trouva Persone dans l'Alée-des-Soupirs. On voyait seulement quelques Grouppes sous le passage

du Cirque, dans les Galeries-en-bois,
ét au pied du grand escalier du Palais.

Le Conducteur dit alors aux Dames :
—Je sçais la demeure de Rosemonde :
alons chés elle-? On y consentit.

Le Conducteur se presenta seul :
mais la Mère était à la porte. Dès
que Rosemonde eut ouvert la bouche,
avant même de la voir, Madame
Pigeonier la reconnut : Elle s'élança
dans l'appartement, en s'écriant. —Ma
chère ! ma pauvre Fille ! en quel état
je te trouve ! —Et elle l'embrassa.
Rosemonde la reconnut également, ét
ne sentant pas son ignominie, elle lui
rendit ses caresses. On lui presenta
ensuite *Annette* sa Sœur. Rosemonde
paraissait transportée - de - joie. Elle
offrit d'aler sur-le-champ avec sa Mère.
On régla tout, on renvoya sa vile
Domestique, on ferma les portes, ét
l'on partit.

C iv

On n'avait rien demandé à Rosemonde, dans un lieu dont on voulait promtement sortir: Mais lorsqu'on fut à la maison, la Mère ét• la Sœur-cadète s'informérent des details... La Jeune-Pigeonier les donna, sans hesiter. Ils nâvrèrent l'âme – maternelle!... Une seule chose consola; c'eſt que le cœur était innocent.

Rosemonde a repris le chemin de la vertu plûs facilement qu'elle ne l'avait quitté. On a vendu tout ce qu'elle avait dans ſa demeure, ét ſa Mère a purifié ce produit, par l'usage qu'elle en a fait..... Que nous ferions heureux, ſi nous avions plûs ſouvent un denoûment pareil !

VIme FILLE:

BIENFAITE.

Je crois cette Jeune - persone de la Famille du sieur Bienfait, qui a quelque celebrité. Quoi qu'il en soit, voici quelle est son histoire.

Bienfaite, dont le nom-de-batême était, je crois, *Terèse*, fut mise de bonne - heure à danser parmi les Enfans, chés *Nicolet*. Mais jamais elle n'eut assés de souplesse ou de force dans le jarret, pour devenir Danseuse. Elle fut le mepris de ses Compagnes. Une voix rogue empécha de la destiner aux rôles. Cette Enfant cependant était jolie. Mais comme elle était meprisée, à cause de son manque-de-talent, elle était le plastron de toute la *Sautaille* ét de toute la *Baladi-*

naille de *Nicolet*.... Sa Mère fut obligée dela tirer de là.

Cette Femme, qui n'était pas sans une sorte d'aftuce, prît un appartement, ét donna fa Fille, dans le quartier, pour la *Julie* d'*Audinot*. Le bruit f'en repandit ; ét comme Ceux qui pouvaient verifier le menfonge étaient rares, il ne le fut pas. C'était Mademoiselle Julie, dans l'opinion.

Un Aveugle fort riche, affés vieux, ét nouvellement veuf d'une très-mechante Femme, entendit parler de fa jolie Voisine. Il favait que Mademoiselle Julie avait de la reputation: Mais comme il n'alait jamais qu'à l'Opera, il ne connaiffait pas le fon de fa voix. Cependant, fur le recit de fes charmes, de fon talent, il f'informa d'elle, ét vit fa Mère. Il fut alors, que la pretendue Julie était à *louer*. Il fe la figura merveilleuse, ét proposa mille francs par mois, outre les étrennes, ét deux bouquets, aux deux fètes de la Belle, *Sainte-Julie*, ét *Sainte-Terese*; ce qui devait composer la fomme de 50 louis.

Ce marché conclu, Bienfaite vint auprès de fon Galant, aveugle comme l'Amour. Elle adoucit fa voix, au point de prendre celle des Malques : Elle ne lui a jamais parlé autrement. L'Aveugle trouva des charmes parfaits, paya bien, ét fut heureux. La Mère ét la Fille l'accoutumèrent à des féances filencieuses, pendant lesquelles la fauffe Julie, qui fe disait fujète à un mal-de-gorge, ne pouvait parler. Elle était alors remplacée par une petite Voisine, fille-publique de fon metier.

La raison de cette conduite, était non-feulement l'éloignement qu'infpirait l'Aveugle, laid, vieux, ét fortfale, comme tous les Gens de fon état, mais encore l'envie qu'avait Madame fa Mère, de tirer d'un Sac deux moutures. En - effet, tandis que la Petite *Zaïre* était auprès de l'Aveugle, ét furveiliée par la Mère, Bienfaite recevait d'autres Amans, ét gâgnait au double.

Tout alait affés bien, lorfque l'Infpecteur-de-police du quartier tira toute l'avanture au clair. Ce Coquin intereffé, comme tous fes Pareils, fut indigné qu'il fe commît du mal dans fon arrondiffement, autrement que par fa protection payée. Il fit deguiser un Efpion, qui fe presenta comme Amant chés Bienfaite ét fa Mère. Il fut reçu. L'Infpecteur, qui fourniffait l'argent, favait bien comment le retirer. L'Efpion obtînt les faveurs de Venus, ét donna les amertumes veneriennes....

L'Aveugle y fut pris : Il éclata. L'Inspecteur accourut à son secours, enleva la Mère ét la Fille, les con-duisit à *Saintmartin*, qui exiſtait encore, ét s'empara de tout leur avoir, devenu conſidérable ! Ce-fut un coup d'or !...

On fit traiter Bienfaite à Bicêtre, c'eſt-a-dire, de la manière la plûs cru-elle ét la plus imparfaite ; manière deteſtable, effet de l'ignorance, ét dont *Preval* ét *Mittié* demontrent ſi bien les dangers, en en presentant une meilleure. Bienfaite, de tous ſes charmes, ne conſerva là que ſa tâille. Elle ſortit de l'Hôpital, pauvre ét bourſoufflée ; ſa Mère, moins heu-reuse, y était morte. Le Dernier-rejeton de l'ancienne Famille des *Bien-faits*, qui peutêtre était greffée ſur celle des *Briochés*, ſe trouva ſeule, isolée, ſans asile: Elle entra chés une Matrullê, gâgna quelques nipes, se mit à elle, acheta un karako brun-rayé, vint briller le soir au Palais - royal, en cachant à - force de rouge certains ravages, ét eft enfin parvenue à la gloire d'être une de nos Heroïnes.

Obfervons ici, que les anciens Exempts Infpecteurs-Efpions , fesaient plûs de mal aux mœurs, en un an, fous les Lieu-tenans-de-police, que tous les Magif-trats de ce nom redouté , n'ont fait de bien, en un fiècle... Y avait-il quel-que-part une Jolie-fille honnête ét pau-vre, on la *catinisait*, malgré elle, en l'arrachant des bras de fa Mère épou-vantée !

VII.me FILLE:

FAYELLE.

Un Marchand-Tabletier, des environs
du Palais, avait pour Fille une grande
Blonde très-aimable : La bouche de
cette Jeune-perſone alait preſque de
l'une à l'autre oreille ; ét cependant elle
ſe donnait, par ſon ſourire, un charme
inexprimable.

Un Huiſſier-priseur , qui fesait le
beau fils , en devint amoureux , ét
l'épouſa. Fayelle mariée , fut dabord
heureuſe : Elle aimait ſon Mari , elle
en était aimée : Ils vivaient doucement ét dans l'aisance, quand un Jeune
Beneficier du voiſinage vint deran-
ger tout-cela.

Un -jour il aborda Fayelle , qui
montait les degrés du Palais.   Il donna
des louanges à ce qu'il voyait, au piéd,

à la jambe..... Fayelle se retourna. —Je ne m'étonne pas! (s'écria le Beneficier). Hé! mondieu! Mademoiselle! comment se fait-il que vous soyiez ici? à piéd! à l'heure qu'il est! Vous jouez aujourdhui? —A quel jeu, monsieur l'Abbé? —Mais, dans *Rose-ét-Colas-*. Fayelle éclata-de-rire. —Vous êtes fou, monsieur l'Abbé! —Et, vous, Mademoiselle, vous êtes charmante!... Parbleu! (se dit-il à lui - même); c'est mademoiselle *Du - Fayel* des Italiens! —Non certainement. —Car... vous êtes mieux-.

Ce fut ainsi que commença la connaissance. Le Beneficier était bel homme; il plut : On le reçut, de l'aveu du Mari. Aubout de quelques mois, il seduisit la Femme. L'Hussier s'en aperçut: il n'avait pas eu d'Enfans; il était sans occupation, à - cause des affaires actuelles : Il chaffa fon infidelle Epouse de chés lui.

Fayelle ala trouver l'Abbé. En ce moment même, il venait de recevoir la nouvelle de la fuppreffion de fon benefice. Il était au - desefpoir, ét reçut mal fa Maîtreffe.

Fayelle n'osa pas retourner chés fes Parens. Elle connaiffait deux Sœurs, ouvrières en-modes, qui tenaient une boutique au Palais. Elle les ala trouver, les pria de la recevoir, ét de la faire travailler. Les deux Sœurs l'accueillirent, ét lui donnèrent un mantelet à tâiller. Elle l'acheva dans une journée. —Qu'eft-ce que nous vous paieront, ça ? (lui dit l'Aînée) : quinze fous de façon. Ce n'eft pas pour vivre. Nous vous donnerons le moyen de gagner fix-francs en un quart-d'heure-. Fayelle la remercia. Un inftant après, Quelqu'un entra : C'était un Homme. —J'ai une Jolie-femme, toute-fraîche (dit l'Aînée des deux Sœurs) : C'est l'Epouse d'un Huissier, que les cirçonstances mettent hors d'état de soutenir sa maison : Elle fait comme elle peut-. En achevant ces mots, elle le conduisit auprès de Fayelle. —Causez vous-deux (dit-elle, en les enfermant). L'Homme s'expliqua clairement. Fayelle voulut resister : mais sa nouvelle Hôtesse était à la porte ; elle la gronda forte-ment, sans ouvrir.....

Pour achever cette triste avanture, nous dirons, que Fayelle est restée un mois chés les deux Sœurs ; que son Mari a été tué ; qu'elle s'est aussitôt mise à elle, ét qu'elle va au Palais-royal. C'est-là que sa ressemblance lui a donné plusieurs Amateurs.

Le Premier qui fut pris à cet appât, était un Jeune-homme de province. L'Huiſſière lui dit en confidence, ce qu'elle pretendait être. Ce Jeune-homme était delicat, ſans-doute, quoique gaſcon : Il fut dans l'ivreſſe.... Mais il ſ'en-retournait dans huit jours ſur les bords de la Garone. Il amena Un de ſes Amis à Fayelle. Celui-ci était un Brutal. Perſuadé de la pretendue verité, il fit ſouffrir cent humiliations à Celle qu'il croyait avoir admirée....... Il ameuta d'autres Brutes, comme lui, en grand nombre!... Auſſi l'Infortunée paſſe rapidement!... Elle ne doit entrevoir qu'un effrayant avenir, à-moins que Quelqu'un de ſa Famille ne vienne à ſon ſecours. Nous publions ſon hiſtoriette deguiſée, dans le deſſein d'avertir les Perſones qu'elle intereſſe, ou Celles qui ont de l'humanité.

VIII.me FILLE:

CHOUCHOU.

Une Jeuneperſone très-aimable, mais ſous la conduite de Surveillans ſevères, eut le malheur qu'on reçut dans la maiſon-paternelle un Couſin d'environ dixſept ans. *Leonore* (c'eſt ſon nom), ſe laiſſa prendre le cœur, ſans preſque ſ'en-apercevoir. Les Parens, de leur côté, ne ſe doutaient pas que leur Neveu, originaire d'un Village, ſe fût corrompu à Paris. Mais ce Jeune-garſon, ſous l'exterieur le plûs innocent, cachait les mœurs les plûs depravées. Il avait été l'élève d'un Muſicien, qui avait le goût dit *philoso-phique*, ét qui avait ſoumis le jeune *Lionci* à ſes caprices criminels. Tel était le Sujet qu'on avait admis, pour commenſal, dans une maiſon honnête, ét qui fe .trouvait, à chaque inftant avec une Jeuneperfone aimable.

Lionci n'avait jamais eu de goût pour les fantaisies rebutantes de fon Maître : mais elles lui avaient donné de fatales lumières, ét une experience precoce. Il feduifit, ou trompa fa Coufine, qui devint groffe.

Il eft impoffible d'imaginer avec quelle adreffe cette Jeune-perfone cacha fon état à fes Parens !... Elle accoucha même dans fa chambre, prefque fous leurs ieux, fans qu'ils f'en aperçuffent. Une Femme reçut l'Enfant, qui était une Fille, ét l'emporta. Leonore fe retablit petit-à-petit. On n'avait-pas le moindre foupçon ! Elle paya les mois-de-nourrice fur fes petites épargnes, ét elle tint fa Fille à la campagne jufqu'à l'âge de quatre ans.

Leonore la fit alors venir à Paris, ét la mit, comme une Orfeline, fille d'une Amie qui venait de mourir, en penfion chés deux bonnes Demoiselles du faubourg *Saintmarcel*, qui fesaient des Elèves. Chouchou, dont le veritable nom était Victoire, fut élevée dans la modeftie, ét fort-malmise. Mais elle était fi jolie, à onze ans, que fa mutine figure frappait Tous-ceux qui la voyaient. Ce fut fa gentilleffe ét fa mauffade parure, qui causètent fa perte.

Une Matrullê [*] du Palais-royal l'aperçut, ét f'informa. On lui dit, que

____

[*] Ce mot revient fouvent, dans ces Hiftoriettes : nous ne l'expliquerons pas clairement, ét nous renvoyons pour cela au *Pornographe* de M. *Reftif - de - la - Bretone*, ouvrage *ad-hoc.* Nous dirons feulement que Matrullê eft le feminin de certains Hommes, qui portent le nom du Poiffon des mois de mai, juin, juillet, dont la fauce fe fait aux grofeilles. *Qui poteft capere, capiat!*

Chouchou était une Orfeline. C'était deja quelque-chose ; mais la Matrullé voulut favoir, quels étaient fes Parens, ét elle remonta par degrés jufqu'à la fource. Elle decouvrit alors la verité, car elle parvint jufqu'au premier éche-lon, la Sagefemme , qui ne la con-naiffant pas , ét trompée par fon air honnête-affecté, lui fit une demi-con-fidence ; c'eft-à-dire , qu'elle lui dit tout, excepté le nom ét la demeure de la Mère. Ce fut alors que la Ma-trullé fentit qu'elle n'avait rien à craindre.

Elle guetta Chouchou, ét à fa pre-mière fortie , pour une commiffiou , elle l'aborda. Elle lui fit honte de fa *mise*, ét loua fa gentilleffe. Elle lui proposa une parure charmante , dont elle lui montra l'échantillon fur une petite Fripone laiffée dans le fiacre, lui promit l'oisiveté , des divertiffe-

mens , ét des bonbons. Elle determina même la vocation de la timide
Victoire , par un - peu de violence,
aidée de menfonges : Elle dit à quelques Femmes du marché , qu'elle venait de la part de la Mère de cette Enfant, ét la fit, monter malgré elle, dans
la voiture. On roula , ét Chouchon
une-fois arrivée rue de *Richelieu*, fut
fi bien traitée, les premiers jours, qu'on
lui fit tout oublier. On la mena aux
Variétés, chés *Nicolet*, chés *Audinot*;
elle y brilla, ét aubout de quinz jours,
on offrit de la rendre à fes Inftitutrices.
Elle declara qu'elle voulait refter. On
mit des conditions : Ce fut de recevoir certains Vieillards. Pour garder
fes beaux habits, Victoire fe foumit à
tout : Elle devint rapidement ... ce qu'elle
eft aujourdhui, Une des plus effrontées
petites Creatures du Palais-royal.....

Disons ici, en paffant, que fi les
Devotes

Devotes inftitutrices l'euffent mise con-
venablement, elle n'aurait pas fixé l'at-
tenion de la Seductrice qui la crut une
Servante, ét qu'elle n'aurait pas été
auffi facile à feduire.... O vous, qui
avez de la fortune, je viens de vous
devoîler le fort de cette malheureuse
Enfant! daignez venir à fon fecours,
ét la fauver! Il en eft temps encore:
Elle n'a vu que d'impuiffans Vieillards!

Nous le repetons, nous fommes la Sentinelle
des bonnes-mœurs, ét cet Ouvrage, futile en
apparence, eft un des plûs utiles qu'on puiffe
publier.

<hr>

I Partie.   D

IXme FILLE:

CECILIA,

ou la BLONDE-VOLUPTUEUSE.

Quand nous étions autrefois à Paris, fréquemment, il nous arrivait de nous promener avec des Amis choisis, ét de nous exercer à deviner la condition, les mœurs, les difpositions des Perfones, à l'afpect de leur exterieur. C'était dans les commencemens du Livre fameux de *Lavater*, Livre auffi vrai, que ceux de *Schullembourg*, aufquels des Infenfés ont ofé le comparer, font faux ét chimeriques. En voyant, l'un de ces foirs d'Octobre 1789, l'intereffante Cicilia, fous les arcades du Club, qu'elle paraît preferer, nous nous dimes à nous-même : —Cette Fille n'eft - pas née du fang groffier d'un Homme ét d'une Femme obligés au travail... Et pour nous en affurer, nous l'avons abordée. Or, comme nous fommes grand, jeune encore, que nous avons le visage à la romaine, le néz aquilin, de beaux ieux, notre figure la frappa. Elle dit à fa Chambrière: —Alons à la maison-. Nous les fuivimes.

Nous fumes furpris, en les voyant à la lumière, de la delicateffe des traits de Cicilia. Nous lui fimes des complimens, ét l'on fait que Nous excellens en ce point. Elle parut nous écouter avec plaisir. Mais comme nous favons que l'interêt eft le dieu des Hommes ét des Femmes, nous lui proposames *douze-francs*, pour une heure d'entretien, montre fur table, ét nous la priames d'employer ce temps à nous raconter fon hiftoire. Elle daigna y confentir, ét voici prefque mot pour mot ce qu'elle nous dit :

»—Je ne me targuerai pas d'une illustre origine : Je suis cependant fille d'une Femme qui porte le titre de *Comtesse* ; mais elle ne l'était pas, lorsqu'elle m'a donné le jour : Ainsi, je suis roturière. Mon Père était Inspecteur-de-police ; il a 40-mille livres de rentes, ét la croix-de-saintlouis : Il a été joli homme, comme presque tous les Exempts ; je ne sais trop pourquoi cela. Il connut ma Mère très-jeune, ét parfaitement jolie, ét il contribua beaucoup à la mettre dans le commerce du monde. Elle devint grosse de moi, par lui ; ce qui l'éloigna. Elle me donna le jour à 15 ans 2 mois. Elle demanda des secours à mon Père, en lui annonçant que j'étais d'une si jolie figure, qu'elle aurait voulu m'élever. Mon Père, qui était fort-bien avec le Lieutenant-de-police, lui fit dire de bouche, que si elle lui écrivait encore une-fois, il la mettrait à l'hôpital de la *Salpétrière*, pour le reste de ses jours. Ma Mère se tut, ét ne pouvant me nourrir, elle me donna pour surnumeraire à une grosse Brune, sa voisine, qui, bien qu'elle nourrît, était encore obligée de perdre son lait. J'eus ce surplûs, ét elle me traitait à-peuprès comme ces petits Chiens dont se servent d'autres Femmes. Je tetai dixhuit mois, sans presque prendre d'autre nourriture.

A cette époque, ma Mère, qui était devenue Fille-publique, me fit une marque, ét me porta sur les marches de l'Eglise des Enfans-trouvés, où elle me laissa. Elle avait à-peine tourné le dos, qu'un Chevalier de Saintlouis vint à passer. Il m'entendit, non crier, mais jaser. Il vint à moi, ét me trouvant bien-mise, il fut surpris de mon exposition! Il était une heure du matin. Il fesait un beau clair-de-lune;

il me prit dans ſes bras, me regarda, ét me trouvant jolie, il m'emporta.

Un fiacre le ſuivait; il m'y plaça, ét je fus mise, à ce qu'on m'a dit depuis, ſur les genoux d'un Commiſſaire en robe.

Le Chevalier de Saintlouis était mon Père lui-même, qui alait faire une Capture. Cette Capture était une Femme : On entra chés elle; on la prit, on la conduiſit à la Baſtille. J'étais toujours-là : La Dame pria inſtamment qu'on me laiſſât avec elle. Mon Père, qui ſans-doute la voulait favoriſer, ne dit pas j'étais une Enfant-trouvée, ét le Gouverneur de la Baſtille, ce même *Delaunai*, qui vient de perir ſi malheureuſement, me croyant à la Dame – priſonniere, conſentit à la ſollicitation du bon M. *Delolme*, ſi cruellement maſſacré dans les bras d'un Ami, à me laiſſer avec elle.

Je suis restée cinq ans à la Bastille.
J'en sortis avec la Dame, à six ans-et-
demi.

Cette Femme était une Intriguante
qui donnait à jouer. Elle me garda
chés elle, ét me fit passer pour sa
Nièce.... J'oubliais de vous dire,
qu'elle avait trouvé sur moi un billet
de ma Mère, dans lequel étaient toutes
les circonstances relatives à mon origine. Mon Père n'avait pas vu ce
billet, ét l'on n'avait pas visité mes
langes. Mad. *Sangoin*, surprise d'avoir
la Fille de son Ennemi, ét d'une Femme devenue celèbre depuis cinq ans, ne
parla pas, durant sa detension, de peur
qu'on ne la privât de ma compagnie : Et
lorsqu'elle fut dehors, elle ne l'osa plus,
de peur d'être punie de son silence. J'ai
vingtquatre ans : Je n'en avais que
douze, ét nous étions en 1777, lorsque ma *Detentrice*, entraînée par deux

paffions, la vengeance, ét l'interêt, fuccomba au plaifir de fatiffaire la première : Mais d'une manière atroce ét digne de fon caractère fcelerat.

Elle favait que l'Exempt qui l'avait arrêtée, était le plûs libertin ét le plûs blafé des Hommes : Elle me para voluptueusement : Et comme j'étais grande pour mon âge, elle me fit trouver fous les ieux de cet Homme, amateur des fruits verts, ét d'un goût depravé. L'effet repondit à fes vues. Le coupable *Deremhi* me convoita, ét je lui fus livrée, pour fatiffaire des fantaisies atroces : Ce qui arriva plûs d'une-fois. Ma Detentrice avait alors le projet de paffer en Angleterre, où elle efperait des avantages confiderables, offerts par un Lord joueur. Elle fe proposait, à fon arrivée à Londres, où elle devait m'emmener, d'écrire à mon Père ét à ma Mère tout ce qu'elle avait fait de moi, pour les mettre en fureur. Elle executa ce dessein.

Arrivée à Londres, elle fit écrire à la Comtesse, alors dans la plûs haute faveur, ce que Deremhi avait fait de moi : Elle lui donnait copie du Billet trouvé fur moi, & lui continuait mon hiftoire, jufqu'à l'âge de 13 ans, que j'avais alors.

Mais cette année même, ma Mère perdit tout fon credit, & mon Père était fi corrompu, qu'il n'eut pas la moindre horreur de ce qui était arrivé.

Je fuis reftée dix ans à Londres, & j'y étais entretenue : ma Detentrice mourut. Les Efcroqs dont j'étais environnée me privèrent de fa fucceffion, qui me paraiffait devolue, & je fuis revenue à Paris, il y a deux ans; j'y ai vu mon infortuné Père, qui fe cache aujourdhui, après avoir resigné fes places. Je me propose de l'obliger,

D v

par la terreur , à me faire une penfion alimentaire de mille écus , ét de quitter mon malheureux metier , dès que je l'aurai obtenue*».

Tel fut le recit de Cecilia, faite, on ofe le dire , pour un meilleur fort. Nous l'engageames à ne pas avoir de mauvais procedés envers fon coupable Père , ét elle nous le promit avec joie.... Puiffe la publication de cette hiftoire, faire trembler Derèmhi , ét le contraindre à rendre promptement ce qu'il doit à fa Fille-naturelle ! Puiffe la Mère, qui eft plûs riche encore , connaître par nous le fort de Cecilia !

Xme F I L L E :

C E C I L E ét *R O S E T T E.*

Quand on voit la Jeuneffe ét la Beauté, corrompues, on doit presumer qu'il exifte des causes puiffantes de cet excès de depravation.

Une Fille comme il faut, qu'on appelait *Ninette*, f'était mis dans la tête de ne jamais fe marier, ét d'être une feconde *Ninon*. Mais elle manquait des principaux moyens, fortune ét beauté. Elle commença l'execution de fon projet par le côté le plûs facile ; elle fut galante.

Parmi fes Amans, il y eut un Poëte, jeune alors, d'une affés jolie figure, ét très-exalté. Ninette fe prit de belle paffion pour cet *Ovide* nouveau, ét de leur érotico-platonique intimité, nâquit une Fille angelique, plûs belle

D vj

que fa Mère, ét libertine comme fon Père. L'Amant fut enchanté d'être père par fa jeune Muse : Celle-ci en était au-desefpoir, ét preffa vivement Ovide de la garantir des fuites phyfiques de leurs doux embraffemens. Le Poète imagina des moyens fi gaûches, que la Belle fut obligée de fe confier à fa Mère. Celle-ci fut touchée de la fituation embarraffante de fa Fille, fituation qui avait été la fienne, à l'âge de Ninette ; elle lui fervit de Sagefemme.

Auffitôt après la naiffance de la petite *Cecile*, on confia cette Enfant au Père, qui avait loué une petite chambre dans la maison voisine : Il y mit fa Fille, avec une petite Gouvernante, de quinze à feize ans. Ovide ét Ninette étaient remplis de la lecture de *Jean-Juques-Rouffeau*, ils avaient formé leur plan, depuis que la difcrette Maman de Ninette avait reçu l'aveu de fa Fille avec indulgence. On avait-percé un mur mitoyen, pratiqué une porte recouverte de la tapisserie, ét la Jeune Maman venait alaiter fa Fille. Son plûs grand plaisir, dans ce nouveau genre-de-vie, étoit de fe faire furprendre par Ovide, dans une de ces attitudes maternelles, fi touchantes en peinture: Et alors, il falait entendre les belles choses que fe disaient les deux fpirituels Amans!... Mais, helas! dans notre fiècle, que les Hommes font immoraux! Que les Femmes font peu fidelles! Que les Filles font feductibles!

Un-jour, il y avait un grand dîner chés Ninette. Elle ne put venir auprès de fa Fille, à l'heure accoutumée, ét Ovide fe trouva feul avec la Gouvernante. Celle-ci étoit d'une jolie figure. Ce jour-là furtout, elle f'étoit appropriée, par l'ordre de fa Maîtreffe, qui devait, à la fin du dîner, faire apporter fa Fille à la Compaguie, comme une petite Orfeline, dont elle prenait foin. Il y avait, entr'autres, dans la Compagnie, un Celibataire fort riche, appelé M. *De-Blemont*: Ninette efperait le toucher pour l'Enfant, ét l'engager à fe charger de la depenfe de fon éducation. On va voir fur quoi la jeune Maman était fondée. Mais revenons.

Rosette, la petite gouvernante de feize ans, éta't appropriée, ét fort appetiffante. Ovide, non cet Ovide delicat de l'ancienne Rome, mais le groffier Ovide Parisien, fut fenfuellement touché des charmes de Rosette, ét dans une effervefcence plûfque poétique, malgré la vue de fa Fille, il commit l'inconvenance de vouloir lui donner pour fœur, l'Enfant d'une Chambrière... Rosette fe defendit. Mais quelle eft la Fille ou la Femme qui puiffe refifter à un Ovide ?... Il était fort occupé de fon action, lorfque Ninette vint pour alaiter fa Fille, ét la montrer enfuite.

Elle fut très-furprise des attitudes qu'elle entrevoyait! Elle écouta, ét convaincue, que fa petite Chambrière cedait à une féduction audeffus de fes forces, elle ne voulut pas l'effrayer. Elle ala prendre fa Fille, laiffée toute-feule, le mit dans une attitude touchante, ét l'alaita philosophiquement.

Ovide, après fon incongruité, laiffa Rosette à elle-même, ét entendant un petit bruit, il ala voir. Quelle fut fon prodigieux étonnement! Il demeura immobile!... —Votre forfait (lui dit Ninette), meriterait que vous fuffiez changé en pierre, comme *Phinée:* mais je vous pardonne, ainfi qu'à la perfide Rosette. Cependant, retirez - vous: Votre presence troublerait mon lait-. Il n'y eut rien à repondre à cela. Ninette acheva d'alaiter fa Fille: Puis appelant Rosette, elle lui fit repeter sa leçon, pour se presenter à la Compagnie, sans y mêler un mot de reproche : Elle connaissait trop cette Fille innocente, qui aurait été capable de tout confondre, et de joindre à son rôle la gronde de sa Maîtresse. Ninette rentra.

Un instant après, Rosette parut, tenant dans ses bras la petite Cecile. Cette Enfant, qui était rassasiée, sourit à tout le monde, particulièrement à M. De-Blemont, auquel Ninette dit un mot à l'oreille. Le Libertin-celibataire était bien-plûs-touché des grâces naïves de Rosette, que des charmes enfantins de Cecile, quoiqu'il se crût père de cette Enfant... puisqu'il faut le dire. Ce fut Rosette seule, qui determina cet Avare à s'en charger.

Dès le lendemain, on sevra Cecile, et M. De-Blemont la reconnut pour sa Fille-naturelle : Ninette s'était conduite de-manière à le lui perſuader. Le Célibataire logea l'Enfant ét ſa Gouvernante dans une maison à lui, *rue-Thevenot*, fit ſa Maîtreſſe de la ſeconde, ét ne vit plus Ninette que rarement. C'eſt ainſi que cette Muſe fut débarraſſée de ſa Fille.

Neuf mois après ſa tranſlation, Roſette devient mère à ſon tour. Comme M. De-Blemont l'avait exactement ſurveillée, il ſe croyait beaucoup plûs ſûr de cette paternité, que de la première. Il éleva les deux Enfans, dans la reſolution de les faire ſes héritières, chacune pour un tièrs. Il avait chés lui une grande Fille, qu'on appelait Mlle *Agathe - De - S. - L.* grande de toutes manières, grande tâille, grand viſage, grand piéd, &c. à laquelle il avait deja legué l'autre tièrs.

Les deux Enfans grandirent. M. De-Blemont les mit au Couvent, ét maria leur Gouvernante à un Mercier de la rue Saintdenis.

Cecile était charmante ét blonde; Rosette était moins jolie, mais très-aimable, ét furtout careffante comme fa Mère. Blemont les aimait fort toutes-deux. A cette époque, Ninette, degoûtée du celibat, f'avisa de fe marier. Ovide l'était longtemps auparavant. Un-jour, Blemont, qui voulait f'amuser, f'avisa de les inviter à dîner enfemble. Fatal dîner!... Il y avait grande Compagnie, entr'autres nous-mémes, avec une charmante Perfone, nommée *Aglaé*, amie de Mad. *G—dot*, fa Mère ét fa Sœur. Cecile ét Rosette parurent pour la première-fois à la maison. Elles firent l'admiration de toute la Compagnie. Ovide ét Ninette, qui n'étaient pas inftruits, ne ceffaient de les confiderer. C'eft que Cecile ref-femblait en beau à Ninette ét à fon

Père Ovide ; ét que Rosette reſſemblait également à ſon Père Ovide, ét à ſa Mère Rosette.

Blemont remarqua cette attention, donnée à ſes Filles par les deux anciens Amans. Il lui parut plaisant de leur fournir l'occasion d'un entretien particulier, qu'il entendrait. Il appela Ovide dans ſa bibliothèque. Il le quitta bruſquement, ét envoya Ninette auprès de lui : Puis il ſe plaça dans un cabinet. —Gaje que ces deux jolies Filles ſont nos Enfans ? (dit Ovide). —Cela eſt certain ! (repondit Ninette). La Plûs - jolie nous reſſemble à tous-deux ; l'autre à vous ét à Rosette, avec laquelle je vous ſurpris le jour que je montrai notre Fille à M. De-Blemont-... Ils entrèrent enſuite dans beaucoup d'autres details confirmatifs.

M. De-Blemont devorait leurs paroles. On croirait qu'il fut fâché ?

Non : c'était un *Crâne* (qu'on nous passe cette odieuse expression)! il ne fit que substituer froidement une idée à une autre.

Quelques jours après sa decouverte, il enleva l'innocence à Cecile. Peu de temps après, il fit le même tort à Rosette. . Le Miserable ne songea plus à rien laisser à ces deux Enfans. Il mourut intestat, à leur égard, le 25 fevrier 1789 : Cecile ét Rosette se trouvèrent sans ressources. Un Scelerat, qui porte le même nom que Ninette, flateur envain de M. De-Blemont, les croyant ses filles, les voulut avilir, pour se venger de l'Avare, dont il avait esperé un legs. Il mit ces deux pauvres Enfans chés une Matrullé, qui les prostitue aujourdhui.

Si Ovide ét Ninette ont de l'âme, ils viendront au secours de leurs Filles. Ils n'ont d'Enfans ni l'un ni l'Autre;

qu'ils les fauvent ét les adoptent ; ou , quelque jour , nous les feront rougir de leur indignité. Nous osons auffi pref-fer vivement une Marchande-Orfèvre, principale heritière de M. De-Ble-mont , ét qui eft également fans Enfans, à faire quelque - chose pour les deux jeunes Infortunées !

NOTA. Ce M. De-Blemont était un grand fou ! Il pouvait fe faire-aimer de fon vivant : Il l'a negligé : Il pou-vait fe faire-celebrer après fa mort ; il l'a oublié. A quoi donc a fervi à Blemont fa grande fortune ? A don-ner une opulence infolente à de ladres Collateraux, dont il deteftait la crâne-rie ét l'efprit-borné... Grande leçon !

XIme FILLE:

ZAIRE, ou SAINT-F.*

Un-soir, qu'il fesait mauvais-temps, nous alames au Palais-royal , malgré la pluie , à-cause des nouvelles importantes qu'il y avait ce jour-là (6 octobre 1789). Nous venions d'apprendre tout ce qui f'était paffé à Verfailles, ét de voir l'arrivée du Roi, de la Reine ét de toute la Famille-royale. Nous avions fenti couler nos larmes, en contemplant le petit Dauphin faluer les Français, ét.... Un recit touchant de ce qui f'était paffé le matin entre les Gardes-du-Corps, ét les Grenadiers-Gardes – françaises, qui f'étaient embraffés à la porte de la Reine, couronait l'intereffante Relation : Nous ne pouvions plus rien fupporter : Nous fortimes de la boutique de notre Libraire, ét nous alames nous abandonner à notre émotion, fous les arcades plûs folitaires du *Club.* C'eft-là, que nous aperçumes une Fille charmante, qui marchait triftement.

Surpris de fa beauté, de fa modeftie, de fa douleur, nous l'abordames, pour lui demander, Si nous pouvions lui rendre quelque fervice? Elle foupira, ét nous repouffa doucement de la main, fans nous repondre... Étonnés de fon action, nous infiftames, en employant les expreffions les plûs honnêtes ét les plûs affectueuses..... Elle revint fur fes pas, nous regarda, ét nous dit: —Peut-étre en-effet, n'en êtes-vous pas! Hâ! Dieu! des Hommes!... Des Ogres, plû-tôt!... Oui, Monfieur, vous pourriez me rendre-fervice... Mais il faut aupa-paravant me connaître. Où voulez-vous m'entendre? —Chés vous, f'il eft poffible. —J'y confentirais, fi, en

entrant chés moi, vous ne vous com-
promettiez pas-.   Notre étonnement
croiffait, à chaque mot qu'elle profe-
rait.   Nous nous determinames à la
conduire dans un petit logement que
nous avons au premier Pavillon de la
Place-Dauphine.

A notre arrivée, nous reconnumes
la Jeunefille, pour Celle que nous avions
fauvée, quelques jours auparavant, des
mains des Tigrots.   Elle nous avait
également reconnus, ét elle nous dit
obligeamment, que c'était par un effet
de la confiance que nous lui avions inf-
pirée, qu'elle était venue avec nous.
—Monfieur (ajouta-t-elle), je fuis la
plûs infortunée des Creatures. Il femble que tous les genres-d'humiliation
f'accumulent fur moi! Hier, le même
Homme que vous avez-vu l'autre jour
me tiranniser, m'a fait une fcène fous
les arcades, ét j'ai été... fouettée..... Je

veux

veux quitter mon état... Voici comme
j'y suis tombée....

Je suis sœur d'un Homme très-connu,
et je vous confierai son nom. Il vint
à Paris, où il s'est fait une reputation
de beau Parleur, et même de bon Ecri-
vain, quoique sa mechanceté lui ait attiré
certains desagremens. Il fait à-present un Journal aristocratique. Il nous
fit venir de Strasbourg, ma Sœur et
moi, après qu'il se fut ici marié, à une
Intrigante beaucoup plûs âgée que lui,
et aussi belle parleuse, qu'il est beau
parleur. Vous sentez qu'ils ne demeu-
rèrent pas longtemps ensemble; ils se
separèrent, et mon Frère fut bien-aise,
de nous avoir, pour tenir sa maison....
Je vous avouerai, avec confusion, qu'il
nous fit servir à tout. Il nous livra,
ma Sœur et moi, à ses Protecteurs, à
ses Prôneurs, et même au vieux Medecin, qui le traitait gratis, dans ses

I Partie.   E

accidens amoureux.　Il falait fe prêter aux chofes les plus repouffantes : Il nous fefait une fperer fortune.　En effet, cette année même, elle nous a fouri, ét pendant quinze jours, nous avons eu 25-mille - livres de rentes à nous-trois. Mais nous avons tout perdu par les circonftances, mon Frère f'eft expatrié, ma Sœur-cadette l'a fuivi, ét moi, je fuis reftée ici, pour être la correfpondante.

Mon Frère ne m'a rien laiffé à fon depart.　Ses principaux Amis, ét les nôtres, à ma Sœur ét à moi, ont quitté la Capitale, ét je me fuis trouvée..., dans la plûs profonde penurie.

Obligée de paraître, pour mon Frère, je n'ai pas ofé vendre mes habits, dont j'aurais eu dailleurs peu de chose, ne poffedant que des colifichets de gaze, de linon, ét une robe de fatin, avec une peliffe, pour l'hiver.　Je vins da-

bord honteusement au Palais-royal,
me tenant dans les endroits écartés, ét
m'adreſſant timidement aux Hommes
de l'exterieur le plûs honnête. J'y ai
ſouvent été trompée. Mais c'eſt un
inconvenient de ce malheureux metier! Plûs j'étais circonſpecte ét crain-
tive, ét plûs les Libertins paraiſſaient
diſposés à m'inſulter. Je crois auſſi,
que quelques Connaiſſances de mon
Frère, qui a des Ennemis nombreux,
m'auront reconnue, ét m'auront fait
remarquer. Cela va au point, que je
me vois obligée de deserter le Palais-
royal. Que faire ?... J'ai pris le parti
d'aler chés deux Sœurs, nommées *Le-
blanc*, qui demeurent l'Une rue Saint-
jacques, l'Autre, rue de-l'Hirondelle;
ét là, ſous un coſtume ignoble, de me
donner aux Gens-du-commun, pour la
pièce-d'argent la plûs-baſſe, Car il y a
moitié pour la Maîtreſſe, quart pour la

Procureuse, ét le reſte pour moi. Le total était 24 ſous.

J'écris à mon Frère tout ce qui ſe paſſe, ſous un vocabulaire dont nous ſommes convenus. Il profite de mon travail ; mais il eſt inſenſible à mes be- soins, ét il m'écrit, que je faſſe comme je pourrai, juſqu'à la fin des troubles »

Zaïre nous nomma ſon Frère, ét nous fumes du plûs grand étonnement ! C'eſt un Homme très-fameux. Nous fumes touché de la beauté, de la douceur de phiſionomie de la Jeuneperſone, ét nous l'avons recommandée à Mad. la Mère, qui a bien voulu en prendre-ſoin. Que tous les Honnêtes-gens tâchent de faire comme nous, ét de tirer du malheur, les Infortunées qui ont conſervé quel- ques ſentimens

XII.me FILLE:

ADELAÏDE.

Une Jeuneperfone, fille d'un Artifte célèbre (nous designons fous ce nom, les Auteurs, les Medecins, les Acteurs; tout-comme les Musiciens, les Mathematiciens, les Peintres, les Sculpteurs, les Graveurs, &c.) Une Fille d'Artifte célèbre, dont le Père avait caroffe, grande, faite au tour, fut recherchée en mariage par un Parti confiderable. Tout lui riait ; elle comptait alors fur le bonheur. Mais fon Père était un libertin, dont la fortune bourfoufflée ne contenait que du vent. Il avait chaffé fa Femme de chés lui, quoiqu'il eût gardé fes Enfans. Cette Epouse irritée ne rêvait que des projets de vengeance.

Le Mari, au-milieu de toutes fes

chimères de grandeur, vint à mourir. La Mère rentra alors dans la maison. Elle trouva un mobilier immense, ét des dettes plûs confiderables encore. L'Amant de fa Fille furvint. On calcula. Tout compenfé, il f'en manquait une rente de cent-écus à payer à un Domeftique, qu'il n'y eût un fou de refte.

L'Amant regardant alors fa Maîtreffe, cette Fille charmante, devant laquelle, du vivant du Père, il n'était qu'adorateur, il offrit de l'entretenir!... La Mère indignée le prit par le bras, ét le mit à la porte.

Lorfqu'il fut parti, elle dit à fa Fille: — Adelaïde! il faut nous venger de tous ceux qui nous ont dedaignées! Tu reffembles à ton Père: Ton Amant eft un infâme.... Laiffe - toi conduire-. Adelaïde jura une entière foumiffion à fa Mère.

Cette Femme était une mauvaisetête ét un mauvais-cœur. Cependant, elle aimait fa Fille. Elle va la traiter comme elle-même. Confiderant, que fon Mari avait été honoré du titre de Confeiller-d'Etat, du Cordon-noir, &c. &c. elle voulut f'avilir, penfant que fon âme en ferait temoin (car cette Femme croyait à l'immortalité), qu'elle en enragerait, ét que fon Epouse ferait vengée. Que fit - elle? On aurait peine à le croire, fans l'évènement! elle fe fit Matrullê, ét proftitua fa Fille... Elle tint , fous fon nom, une maifon-de-debauche... où elle avait une douzaine de Malheureuses !... Mais elle ne perdait jamais de vue Adelaïde : Elle ne lalaiffait pas un inftant feule avec un Homme. Au mois de feptembre 1789 , peu de mois après la mort de fon Père, Adelaïde proftituée, trouva un Entreteneur. Elle était fi belle, fi honnête, qu'elle le captiva:

C'était un Anglais. Il apprit son histoire. Il en fut si frappé, qu'il lui fit douze mille liv. de rentes. Il la voulait emmener : Tout était prêt pour le depart, quand il fut attaqué dans une rue par des Brigands, qui se trompaient, ét massacré....

Adelaïde redevenue maîtresse d'elle-même, éclairée par son Amant, refusa de mener la vie de *Fille.* —Tu as raison (lui dit sa Mère, ou plutôt sa Furie); je veux te marier... Elle quitta sa maison, qu'elle fit gouverner, en reprit une-autre, ét resolut de tromper sa Fille, par un faux-mariage. Un hasard heureux protegeait Adelaïde : Le Complice, qui la croyait une Fourbe, ét de-concert avec sa Mère, s'avisa de lui dire, Qu'il n'était pas dupe, ét il lui detailla le plan. Adelaïde fremit! Elle chassa l'Impudent, avec indignation.

Sa Mère tâcha de se justifier dans son

esprit : Elle rappela l'ancien Amant choisi par le Père. Il revint. On sent bien qu'il ne savait pas l'avilissement d'Adelaïde.

—Monsieur (lui dit la Furie), vous êtes le choix de mon Mari : Je vous préfère par cette raison.. Un tresor confié, qu'on nous a remis de la part du Père de cette Enfant, m'a donné le moyen de lui constituer douzemille-livres de rentes, sous le nom d'un Donateur en l'air : Je vous l'offre-? Le jeune & célèbre Artiste accepta.. Il a épousé Adelaïde ces jours derniers. Nous l'avons su trop-tard. Il a tout appris le surlendemain. Il voulait tuer sa Femme. Nous l'assurons, par cette *Nouvelle*, qu'elle n'a aucun vice dans le cœur ; il est pur, & la Mère seule est coupable. Nous le jurons, parceque nous le savons..

E v

XIII.me FILLE:

DORINE ou la *PHILOSOPHE.*

Nous avions-vu plusieurs-fois, sans lui parler, Dorine dans l'alée qui règne à-côté de celle des-Soupirs : Son air sérieux, reflechi, nous la fit prendre dabord pour une Femme-honnête, un-peu cynique, qui se promenait seule, en bravant la decence. Enfin, un-soir, nous l'abordames.

—Mademoiselle (lui dimes-nous), vous paraissez si raisonnable, que je pense, qu'il y aurait à-gâgner à votre conversation-? Elle sourit. —Êtes-vous femme-du-monde, ou une Femme ordinaire ? —Quand on ne rougit pas de son état, on peut l'avouer : Je suis femme - de - plaisir. —Vous me surprenez, par la manière dont vous faites cet aveu ! Voila six francs : Donnez-moi le feul plaisir que je fuis capable de goûter avec vous : C'eft - à - dire, causons, ét racontez-moi votre hiftoire-? Elle y confentit.

»—Je fuis fille d'un Marchand-drapier, non-loin de la rue *des-Prouvaires*, dans celle *Sainthonoré*. Je fuis reftée orfeline à vingt ans. J'avais une Sœur-aînée, deja mariée, qui me fit émanciper. Son mariage ne me donna pas envie de fuivre fon exemple : Toujours groffe, toujours fesant des Enfans. Je m'informai à une Femme qui me fervait, S'il y avait un moyen d'avoir un Amant, fans devenir mère ? —Non - feulement un (me repondit cette Femme), mais plusieurs : Le premier, le plûs fûr, ét celui que je vous confeille, c'eft d'être fage, de ne rien accorder-.... (Elle entra la-deffus dans de longs details'. Le fecond, c'eft de *tricher* : (elle en detailla les manières) : Mais ordinai-

E vj

rement l'Homme, de quî tout depend, vous facrifie à fon plaisir; outre que cela eft fort mal-! La Femme f'arrêta-là. Je la preffai. —Il y en a bien un-autre, à ce qu'on dit, car je n'en fuis pas fûre: C'eft de *voir* dabord beau-coup d'Hommes, ét de fe blâfer. Mais cette conduite a de grands inconve-niens! Elle gâte une Femme fans reffource; elle l'expofe à prendre une honteufe maladie, ét elle detruit fa reputation.

Je repaffai dans ma tête les differens moyens. Je fus dabord fage; J'em-loyai enfuite le fecond. Les pre-mières-fois, je ne pouvais abfolument ufer des deux precautions fubfidiaires: J'en employais une qui m'avait été fug-gerée par ma vieille Femme. Mais quelquefois, émue moi-même, je n'en étais pas la maîtreffe. Enfin, par l'u-sage, je fus capable de prefcrire la plûs ample.

Le Premier auquel je proposai de *se vêtir*, me traita fort-mal! Je fus honteuse de ce moyen. Je tentai le second.

Quelque petite que fût la parcelle de la production marine, elle se gonfla beaucoup, ét donna de l'inquiétude, quand on s'en aperçut: on me demanda, si je craignais de ne pas devenir affés tôt comme la Reine *Vasthi?* Ceci m'effraya.... Je me blâsai.

Dès que, par ce moyen, j'ai eu fait taire les desirs, j'ai exercé mon metier avec une froideur stoïque. Je m'amuse des Hommes, en les amusant, j'étudie la laide nature ; Jeuneshommes, Vieillards, tout m'est indifferent. La Nature m'a donné un cœur vicié ; je deteste les Enfans ; ét je ne suis pas la seule ici : Presque toutes ces Catins me ressemblent. Vous n'imaginez pas, malgré votre experience, à quel point tous ces Êtres - là font meprisables! Ne regrettez pas leur perte; elles la meritent. —Il faut pourtant en excepter (lui dimes-nous), Celles qui, livrées très-jeunes par d'Autres, n'ont pas fuivi leurs difpositions? —Pour Celles-ci (repondit-elle), ou elles quittent l'état à 16 ans, ou elles prennent les difpositions que j'ai dites, ét ces *Greffées* - là, valent moins que moi, parcequ'elles n'ont pas de principes. Moi, au-contraire, j'examine les écarts des Hommes ét leurs causes; je me fuis amusée à en perdre trois ou quatre; j'en ai fait perir cinq à fix : J'en ai fait rentrer en eux-mêmes dix à douze: Je les ai tellement blâsés, par la variété des jouiffances, que je les en ai degoutés; ils font devenus fages par fariété d'un plaisir, auquel j'ai ôté tout le fel, en le prodiguant...

Je m'abftiens aujourdhui des Jeunes-gens : J'ai été effrayée du ravage que j'ai fait fur une vingtaine, devenus, par mon art, incapables du mariage".

Mais les fix-francs font gâgnés. Je m'offre à vous faire, au même prix, pendant les trois jours qui vont fuivre, l'hiftoire de trois de mes Compagnes. Profitez-en ; car je vous declare qu'après, vous ne me retrouverez plus. Blâfée moi-même fur tout, le genre-de-plaisir que je vous donne, ét que je goûte en vous le donnant, ne me piquera qu'un petit nombre de fois. Adieu-.

Elle nous quitta. Nous la reverrons ; nous avons deja pris notre parti, ét nous donnerons l'hiftoire de cette Femme.

XIV.me FILLE:

COQUINE.

La soirée suivante, nous vinmes chercher Dorine. Elle n'était pas encore arrivée. La Petite au-corset-rouge passa près de nous, et nous agaça. Nous la joignimes. —Comment vous nomme-t-on, mon Ange ? —Qu'importe le nom ? Ce n'est pas la demande qu'on me fait ordinairement..... Cependant, je veux bien vous le dire. Je m'appelle *Coquine*, à vous servir. —Coquine! —Oui. —Voulez-vous me raconter votre histoire. —Hâ! tiens! lui raconter mon histoire!.... Il est bon là, le lapin!... Est-ce qu'il me prend pour un Orateur, ou une Motionneuse?... Alez-vous en au District. —Nous vous donnerons six francs, pour une conversation d'une demi-heure-. Ici, la

Petite fut prête à nous devisager : Elle nous demanda, combien nous étions ? _Seul_. Alors, avec un torrent d'injures, elle s'écria : Si nous la prenions donc pour une Vieille, qui n'était plus bonne que pour le conseil ?... En ce moment, par bonheur, nous aperçumes Dorine. Nous courumes la joindre.

Coquine nous poursuivit. —A-la-bonne-heure ! Voila ce qu'il vous faut. Alons, vieux Cuir ! (dit-elle à la Philosophe), repasse le rasoir de ce Néz-de-Perroquet, crochu partout-! Dorine fourit, en lui disant : —Il me donne six francs pour jaser, ét je jase... Donnez, donnez-? Nous lui remimes le brillant écu neuf ; ce qui causa un-peu de jalousie à Coquine : —C'est en verité plûs que tu ne vaux en un mois ! (dit-elle). —Pour te punir de ton insolence (reprit Dorine), c'est ton histoire que je vais lui faire ; ét je gâgnerai ses six livres à tes depens-. Coquine s'en-ala depitée, chercher du renfort, pour la roffer. Mais nous previnmes le coup, en paffant dans les folitaires aléés du Club, où nous fumes tranquiles.

» — Vous voyez bien cette petite Co-quire? (me dit la Philosophe) ; c'eft un Monftre, ét j'ai un trait horrible à vous raconter d'elle... Elle a feize à dixfept ans, quoiqu'elle n'en paraiffe pas quatorze. A l'âge qu'elle indique, elle fut recherchée, non par un Vieil'ard, mais par un Jeune-homme aisé, qui la demanda tout-uniment à fa Mère, marchande-de-maréeambulante. C ette Femme la lui vendit cent-écus. Le Jeune-homme était honnête : Il aima *Javote* de bonne-foi. Elle devint groffe. La petite Creature en fut au desefpoir: —Groffe à mon âge? (disait-elle à fa Mère): Non, non, je ne veux pas l'être-!

Son Amant la confolait, ét l'affurait qu'elle lui en était plûs chère. Cependant, furpris de fes fentimens, il la fit obferver, ét l'obferva lui-même.

Le moment de la crise arrivé (ce qu'on vit aux grimaces de Javote), le Jeunehomme redoubla d'attention, ét prit toutes les precautions poffibles, .jufqu'à mettre un filet dans les latrines; fe doutant bien qu'on ferait le mal, avec beaucoup de precipitation, fi on le commettait !... Il fe tint à-l'affut. Au-milieu de la nuit fuivante, il entendit quelques cris étouffés, ét des foupirs, enfuite ouvrir la porte. Un cri d'Enfant frappa fon oreille. Le Jeunehomme courut à l'endroit dont on avait ouvert la porte, ét trouva l'Enfant dans le filet !

Il f'était précautionné d'une Nourrice. Il lui porta le Nouveau-né, ou plutôt la Nouvelle-née. Tranquilisé de

ce côté-là , il revint auprès de Javote.
Il la trouva malade, mais courageuse.
—Vous verrez (lui dit-elle), que je
n'étais pas groffe-! Le Jeunehomme,
qui l'aimait , malgré le crime affreux
qu'elle venait de commettre , diffimu-
la , ét courut avertir la Mère : Il
lui decouvrit la verité ; mais il exigea
d'elle le ferment , qu'elle ne dirait pas
un mot à fa Fille. Cette Femme lui
tint parole. Javote fe retablit.

Six mois après , le Jeunehomme lui
proposa une promenade feul-à-feule.
Il la mena dans l'endroit où était leur
Enfant , qui était une charmante Creature. Javote la careffa. Le Jeunehomme comblé de joie , la prit à-part,
ét lui declara, que c'était leur Fille
trouvée de telle manière. Il lui pro-
tefta , qu'elle lui était également chère.
Javote pâlit. Cependant elle embraffa
encore l'Enfant. Ce qui raffura le Père.

Dans un moment où il avait affaire à parler à la Nourrice, il laiffa
Javote feule avec la Petite. Elle n'y
eut pas été dix minutes, qu'on entendit cette innocente Creature pouffer des
cris desordonnés! La Nourrice accourut, en disant, On tue mon Enfant-!
On ne trouva aucune bleffure. Cependant l'Enfant expira. Après fa mort,
que Javote attribua effrontement à une
colique, on trouva une petite marque
rouge fur le cœur, & l'on decouvrit,
que la Cruelle avait enfoncé une grande
épingle dans le corps de l'Enfant, qu'-
elle était enragée de voir vivre.... Son
Amant tira fon épée, & l'en alait percer.
Elle f'enfuit, tandis qu'on le retenait.
Elle arriva feule à Paris, & vint fe
cacher dans le *Porneïon*, où elle eft
encore.

Voila l'hiftoire de cette petite Infolente, qui a pris le nom de Coquine ».

Quand les lois auront repris leur cours , il fera bon de fequeftrer ce petit Monftre , qui n'eft pas même bou à être exporté à l'Ile de *Bulam.*

Nota. Cette Hiftoire eft très-vulgaire !... Elle eft arrivée deux-fois à notre connaiffance : Une Femme aujourdhui celèbre , en agit de-la-forte envers fon premier Enfant. Nous ne nommerons pas ce Monftre , qui depuis a eu un Fils ét une Fille , morts tous-deux ma heureufement. Cette Femme ne meritait pas d'être mère... Elle n'a pas tué Ceux-ci ; aucontraire , elle a pleuré fa Fille , fur la tête de laquelle était une penfion. *Que Celui-là entende , qui a des oreilles pour entendre !*

XV.me FILLE:

ELISE.

Nous revimes encore Dorine, la soirée suivante. Nous l'abordames, incertains qu'elle voulût bien recevoir nos sixfrancs, pour se promener en notre compagnie : Car elle paraissait nous fuir. En ce moment, il passa devant nous une belle Femme, qui causait avec un Garde-bourgeoise, tenant un Enfant par la main. La pauvre petite Creature avait l'air de boîter, ét d'être très-fatiguée : Comme la belle Femme la traînait un-peu, elle lui dit : —Veux-tu un gâteau-? Mais sans le lui donner. Et la petite Fille, accâblée de lassitude, n'eut pas le courage de le demander.

Cette Femme était Elise. Nous abordames Dorine, en lui disant : —Vous

ne refuserez pas de nous faire l'histoire
de cette Femme singulière ? —Non
(nous repondit-elle), moyennant six
francs.

» Elise, vous le voyez, est belle encore: Elle a été ravissante : Mais c'est
un mauvais cœur, comme le mien, ét
comme celui de Coquine. —Quoi!
vous vous connaissez? —Certainement!
Je suis philosophe , ét je m'apprecie....
Elle est fille d'un Marchand - cha-
pelier de la rue *Sainthonoré*, près les
Hálles. Belle comme elle était, ayant
au moins 60-mille livres en mariage,
par la bienfesance de son Ayeule-ma-
ternelle, ancienne actrice de l'Opera,
elle fut recherchée par des Partis bien
audessus d'elle ! Des Avocats célèbres,
des Gens-en-place, jusqu'à un Conseil-
ler-au-Parlement, la demandèrent en
mariage. Elle refusa. Elle avait lu
quelque chose de *Ninon-Lenclos*, de
Marion-

Marion-Delorme, de Mad. *Geoffroi*, de Mad. *De-Tencin*, ét elle voulait, comme elles, avoir un culte ét des Adorateurs.

» Pour y parvenir, Elise, qui avait une sorte d'esprit, voulait épouser un Vieillard celèbre, riche, titré, mais sur le bord de sa fosse. Elle rechercha le Duc *De-Richelieu*. Mais une Dame de naissance, ét d'un merite bien-au-dessus de celui d'Elise, l'emporta.

» Notre Heroïne attaqua ensuite M. *De-Beaujon*. Mais le Troupeau des *Berceuses* empêcha la belle Elise de percer. Elle voulut avoir M. *De-Beaumarchais :* Il venait de se marier. Enfin, elle pretendit à se faire entretenir par le jeune *De-la-Reinière*. Il quittait Paris le jour où elle prenait cette resolution.

» Elle fit encore d'autres tentatives, toutes infructueuses, parcequ'elle n'avait pas affés d'efprit. A quoi fe determina-t-elle ? Le voici.

» Son Père ét fa Mère n'étaient plus, depuis deux ans; Elise fe trouvant fa maîtreffe, deteftant le mariage, un feul Mari, des Enfans, &c. crut voir le bonheur dans la condition de fón Ayeule. Elle voulut chanter. Elle n'avait pas de voix. Elle voulut danfer. Elle n'avait pas le jarret affés fort. Elle confidera, que l'état de fa Grand'mère avait deux parties, les talens, ét le catinifme : Elle ne pouvait pretendre à la première; elle fe contenta de la feconde.

» Comme elle craignait de tomber dans la misère, en prenant cette carrière fcâbreuse, elle fondit tout ce qu'elle avait, ét fe conftitua quatremille livres de rentes. Elle n'avait gardé qu'un bel ameublement, ét des habits nombreux. La voila donc Catin , avant même que d'avoir un Amant.

» Le premier soir qu'elle vint ici , elle était fort gaûche. Comme elle n'avait pas de rouge , qu'elle n'affectait pas une marche lafcive , elle fesait peu de fenfation. Cependant elle trouva un Homme. Elle l'emmena.

» Sa timidité , fon manque-d'usage parurent fotise. Le Monfieur ne daigna pas même cueillir la fleur , ét manifefta la crainte desobligeante de contracter une ... des fuites nombreuses de la debaûche... Elise fourit dedaigneusement ; ét comme , malgré fa fraîcheur , elle n'était ni complaisante , ni usagée , l'Homme ne revint pas la voir.

» Elle vegeta ainfi quelque-temps ; n'effuyant que des rebuffades , ét ne trouvant aucun agrement dans fon état. Elle était encore vierge au-bout de deux-mois.

» Un-foir, elle f'aperçut qu'un Homme

de quarantecinq ans la suivait depuis son entrée dans le Jardin. Elle l'attendit : Mais il ne lui parlait pas. Enfin, elle entendit, qu'il disait: —Quelle marche voluptueuse! Quel tour provoquant-! Elle s'arrêta, ét lui sourit. L'Homme parut comblé. Ils alèrent ensemble à la *maison.*

„ Jamais l'Amant le plûs tendre ne parut plûs épris! L'Homme parcourut tous les charmes de la Belle, avec des éloges delicats, ét de temps-à-autre, il exprimait la plûs vive surprise!... Enfin, il chercha le bonheur, ét l'ayant trouvé, il redoubla les éloges, en temoignant son étonnement d'avoir deniché le *Phenix!* Elise sourit, ét voulut diminuer son bonheur. —Non, ma Belle! vous étiez pucelle! On ne m'y trompe pas! Je m'y connais trop bien-! Elise avoua pour-lors toute sa conduite.

» Depuis ce moment , elle fut cou‑
rue de tous les Libertins , foit que le
charme fût rompu, foit que fon Homme,
que je vois fouvent, ait fait fa reputa‑
tion , parmi fes Connaiffances , ét lui
ait envoyé des Pratiques. Elle a eu,
pendant quelque-temps , une forte de
cour. Mais fon mauvais‑caractère ét
fon manque ‑ d'amenité , ont éloigné
tout le monde.   Elle en eft reduite au
Public inconnu.

» Depuis quelque-temps , elle a une
fingulière manie ! Elle arrive feule,
Mais elle a une Femme à elle , qui lui
tient un Enfant, fous une des arcades.
Quand un Homme , qui lui convient ,
l'aborde, elle lui dit :   —Je ne veux
pas vous compromettre ; je vais vous
donner l'air d'être en famille‑. Et elle
va prendre l'Enfant. On fe promène
à trois. Elle a deja fait mourir de
fatigue deux ou trois Enfans , achetés

de Pauvres-gens, parcequ'elle les mène à ſes parties de promenade, ét qu'elle ne menage pas leur faibleſſe. Elle a preſqu'abîmé Celui que vous venez de voir avec elle »....   Adieu ».

Dorine nous quitta, en achevant ces mots....   Pour nous, il faut le dire, nous avons tâché d'empêcher Elise de faire perir des Enfans, à-l'avenir.   On lui a defendu d'en promener ; ét nous eſperons que la defenſe va ſ'étendre à toutes les Femmes de ſon eſpèce.

XVIme FILLE:

ÉLEONORE.

Nous ne vimes pas Dorine, le soir, ét nous ne pumes joindre Elise, malgré l'envie que nous en avions. Tandis que nous étions dans une forte d'embarras, nous aperçumes une Jeune-fille, mise avec une grâce exquise, marchant en fautillant, ét paraiffant avoir la vivacité de l'Ecureuil. Son corfet brun, fa jupe de gaze, fa gorge, fon air, tout était provoquant. Nous l'abordames.

Au premier mot qu'elle nous dit, nous crumes reconnaître fa voix. Nous l'examinames avec plûs d'attention ; ét nous eumes l'affurance que nous ne nous trompions pas : C'était la Fille-unique d'un Traiteur de la rue des-*Marmouzets,* qui avait été debauchée par fon

F iv

Beloncle, c'eſt-a-dire, le Mari de ſa Tante : Non que cet Homme l'eût ſeduite; c'était aucontraire Eleonore qui en était devenue amoureuſe, ét qui l'avait ſeduit. Nous ſavions tout-cela. Nous n'en dimes rien: Nous propoſames nos ſix-francs à la Jolie-perſone; elle les accepta, ét conſentit à nous raconter ſon hiſtoire, à une condirion, qu'elle rirait, ét que nous ririons avec elle, des choſe les plûs triſtes.

»—Je ſuis Fille d'un ... d'un... Q'u'importe?... Ma Mere était une belle, très-belle Femme! Car je me ſouviens qu'un-jour, qu'elle paſſait ſur le *Petit-Pont*, me tenant par la main, deux gros Hommes, qui la ſuivaient, ſ'écrièrent: —Voila une belle B***! Je donnerais cent-louis, pour lui faire le pendant de cette petite Fille là-! Ma Mère ſourit, puis elle ſe mordit les lèvres, pour paraître ſerieuse.

» Ma Tante était auſſi une belle femme ; de beaux ieus ; une belle tâille.....
Vous voyez qu'il falait bien que je
fuſſe jolie....

» Je ne ſais comment il ſe fit, qu'à
treize ou quatorze ans, je trouvai aimable le Mari de ma Tante. Enverité
je ne ſais comment cela ſe fit ! Mais
enfin, cela fut. Je me mettais ſur mon
dixhuit , quand je devais aler chés
lui, ou qu'il devait venir chés nous.
Je l'agaçais, je le pinçais. Il me pour-
ſuivait : Je me laiſſais attrapper ; ét
lorſqu'il me tenait, je l'embraſſais....

Un-jour, qu'on donnait un grand
dîner chés ma Tante, je me trouvai
à-côté de ſon Mari. J'étais jolie...
hô ! jolie... vous n'avez pas d'idée !..
Je lui marchais ſur le pied ; je le cha-
tóuillais.... On but. Je voulus auſſi
me donner une petite pointe.... Mon
Beloncle me repetait ;.. Eleonore ! tu

F v

ferais une charmante Baccante ! grise-
toi, mon Eleonore ! je t'en prie !
grise-toi un-peu ?... Je fouriais ; je bu-
vais ; il fouriait, il buvait, ét me
disait des douceurs ; je ne demeurais
pas en-refte... Sans-doute que ce
jour-là, je lui infpirais... Nous nous
donnames un rendevous, à la chute
du jour, au magasin... Je ne fais comment il fe fit que ce rendevous fut entendu de ma Tante... Elle resolut de
me remplacer, pour en favoir le but.
Elle fe confia, pour fe faciliter, à un
Homme qu'elle eftimait fort, ét dans
quî elle avait d'autant plûs de confiance,
qu'il était amoureux de ma Mère, depuis quinze à feize ans, c'eft-à-dire,
dès avant fon mariage. Ce Monfieur
avertit ma Mère de ce qui fe paffait.
On crut devoir auffi prevenir mon
Père....

» Notez que nous avions tous la tête

échauffeé par les liqueurs, ét que mon Père aimait fort ma Tante, une des plûs atrayantes Femmes de Paris. L'heure du rendevous arrive. Nous nous éclipfons, mon Oncle ét moi.... Nous étions precedés par l'Homme qui avait averti ma Tante, par elle-même, par mon Père ét par ma Mère. Nous entrons. On ne voyait pas à fe mettre le doigt dans l'œil. Ma Tante, fuivant la convention, crut prendre le doigt de fon Mari, qui me fuivait, ét l'emmener à-l'écart : Elle prit mon Père. Ma Mère crut prendre fon Mari, elle prit le Monfieur en queftion ; ét moi je reftait avec mon Beloncle. On ne devait point parler, à-cause d'un Garfon, grand nigaud, qui couchait tout près, ét qui pouvait entendre. Tout le monde opera. Ma Tante disait : —Quelle ardeur ! le Traître croit étre avec ma Nièce !... On lui en donnera, des petits couteaux

F vj

pour les perdre-! Ma Mère pensait : —Je ne reconnais pas mon Mari! ce qu'il entend, à-côté de nous, lui donne du cœur à l'ouvrage-! Pour moi, que l'on croyait abandonnée, je trouvais tout absolument neuf, ét je m'en émerveillais.

» Dans un certain moment, je fis un cri (car je me croyais feule avec mon Oncle). Le miserable Garfon était dans fon cabinet-à-coucher, prêt à éteindre fa lumiere. Etonné de ce qu'il vient d'entendre, il ouvre brufquement la porte, ét montre.... mon Beloncle avec moi, mon Père avec ma Tante, ét ma Mère avec fon ancien Galant! Le tableau était fuperbe! Tous ces Gens-là étaient au fort de l'ouvrage ·(dit Eleonore, en riant aux éclats): Ils ne fe derangèrent pas du tout.... Le grand Nigaud cependant reftait là comme une ftatue, la bouche beante, les ieux im mobiles, en chemise écourtée.... Je fus la première qui le remarquai : j'éclatai-de-rire, comme tout-à-l'heure. Les Cooperans se levèrent en grommelant, très-fachés, non de leurs œuvres, mais de celles d'Autrui : Mon Oncle était charmé de m'avoir eue ; mon Père d'avoir eu ma Tante ; le Galant d'avoir eu ma Mère! Mais le Premier grommelait au-sujet de sa Femme, ét mon Père n'était rien-moins que satisfait d'avoir vu employer sa Femme ét sa Fille! Pour le Galant, il grommelait contre le grand Nigaud.

» Que dire? ses Dames étaient si honteuses, qu'elles se hâtèrent de descendre! Leurs Maris les suivirent: Le Galant resta seul avec moi. Il voulut me parler: Je crus bonnement qu'il alait me gronder. Je m'enfuis dans le cabinet du grand Nigaud. Celui-ci ferma la porte, ét mis hors de lui-même par ce qu'il venait voir, il me donna un nouvel affaut. Le Galant de ma Mère trouva la porte en tâtonnant, & courut porter cette nouvelle à mon Père & à ma Mère. Il avertit également mon Beloncle & ma Tante, puifque tout quatre étaient enfemble. On fit trève à une querelle violente, pour remonter avec des flambeaux. On frappa. Le Nigaud trop occupé laiffa-faire. Mon Père enfonça la porte, & prit le Nigaud par le milieu du corps. Celui-ci, comme un enragé, quoiqu'il fut à fon fecond acte, fe jeta fur ma Tante, qui fe trouva la plûs proche, & la renverfa. Tout le monde courut au fecours de la Maîtreffe de la maison. Et moi je profitai d'un moment-de-liberté, pour m'échapper.

” J'avais vu, à deux maisons plûs bas, des Filles-publiques. Je me fauvai dans leur alée, & j'alai frapper à leur porte.

Une grosse Femme m'ouvrit. Je lui dis, qu'ayant été surprise avec un Amant, je fuyais la maison-paternelle. Elle me demanda, si j'étais deflorée ? —Oui, Madame (repondis-je avec une reverance)... Elle s'en assura, ét me dit: —Puisque vous n'avez plus votre pucelage, je puis vous garder. Un Homme arriva. Elle lui parla bas; puis elle ajouta: —Tenez ? en voila une toute fraîche. Il me trouva si jolie, qu'il voulut coucher. On nous donna une petite chambre, ét je fus tourmentée toute la nuit.

» Le lendemain, la grosse Femme entendit qu'on me cherchait. Elle eut peur. Le soir, elle me fit conduire dans ce quartier, chés la Maman que j'ai aujourdhui. Je sors rarement, ét Persone ne m'a encore reconnue.

Voila mon histoire: elle est courte ét bonne—».

Nous ne dimes mot. Mais nous la suivimes, ét le même foir, nous avons mis fes Parens à-portée de la reprendre. Elle eft au Couvent,

NOTA. Cette Hiftoriette eft très-libre, ét nous avons été tenté de la fupprimer. Mais un motif nous a fait la conferver. Dans combien de maisons de Paris, n'avons-nous pas vu, qu'on laiffe prendre trop de familiarité, avec des Jeunesfilles, bien-affaisonnées de parure, bien provoquantes, par des Beauxfrères, de Beauxoncles, des Cousins mêmes? Souvent, nous en avons été indignés ! Oui, nous connaiffons trois Filles-publiques, qui le font devenues par leurs Beauxfrères, maris de leurs Sœurs .. Nous avons donc rapporté l'hiftoire d'Eleonore, duffent les Puriftes-aveugles froncer le fourcil.

XVII.me FILLE:

S O F I E.

Nous cherchames ardemment Dorine : Mais ne l'ayant pas aperçue, nous eumes l'avantage inefperé de joindre Elise. Elle voulut aler chercher fon Enfant. Nous lui proteftames, qu'elle était fi belle Femme, que nous nous trouvions fièrs de cheminer avec elle.

Dans ce moment, parurent fix Jeunes-filles, les mêmes dont il eft parlé dans notre Preambule, fous les n.os 18, 19, 20, 21, 22, ét 23. Elles nous frapperent tellement, que nous étions comme fachés de nous être embaraffés d'Elise. Mais nous raisonions en aveugles. Les fix Nimphes ne firent qu'apparaître un inftant, ét rentrèrent auffitôt, pour ne plus refortir.

Nous demandames à Elise, fi elle les

connaissait ? —Ce sont les *Houris*-! (nous repondit-elle). Nous lui offrimes nos six francs, pour une demi-heure de conversation. La Belle consentit au marché. Mais elle voulut absolument avoir son Enfant : —Si ce n'est pour toi (nous dit-elle), c'est pour moi : Je veux avoir l'air decent-. Nous lui fimes observer, que c'était un hommage que le vice rendait à la vertu. Elle en convint ; ét comme nous la con-naissions, nous lui fimes quelques repro-ches , sur sa conduite avec les Enfans. Elle brisa là-dessus, ét nous offrit, d'elle-même , de nous faire , en six soirées, l'histoire des six Jeunesfilles que nous venions de voir ; même de la Noire ét de la Mulâtre. Nous fumes enchan-tés, ét nous lui promimes six francs pour chaque seance. Elle ala prendre l'En-fant, que nous voulumes porter; ét elle commença.

„—La Plûs-grande, qui eſt brune, ſe nomme Sofie. Elle a ſeize-ans. Il y a trenteſix Filles dans la Maiſon, gouvernée par une Femme ſingulière, qui ſe fait appeler Madame *Ogret*, par ſes Connaiſſances, quoiqu'elle porte un autre nom pour le Public. Cette Femme a enſeigné la geographie, ét elle a eu beaucoup d'Ecolières. Elle a été mariée, ét elle a ſes quatre Filles avec elle: Cependant ſon Mari a trouvé le moyen de caſſer le mariage, ét d'épouser une autre Femme, avec laquelle il vit.

„ Dès que Mad. Ogret ſe vit declarée concubine, elle quitta ſon enſeignement, ét vint avec ſes quatre Filles, Sofie, Angelique, Adèle ét Zefire, qui ſans-doute ſont de quatre Pères differens (car la Dame était galante), ſ'établir aux environs du *Palais-royal.* Elle leur declara ſon deſſein. Les quatre Jeuneſfilles ſe prirent à pleurer; elles se jetèrent aux genoux de leur Mère, ét la suplièrent de ne pas les prostituer ! —C'eſt mon intention (repondit Mad. Ogret) : Mais composons-. Et elle fit ſon marché avec elles, que jamais elles ne feraient le denoûment d'une avanture. Pour cela, Mad. Ogret prit chés elle plusieurs Filles, ét ſes Pratiques ont tellement augmenté, qu'elle en a Douzes à-demeure, outre les Six que vous venez de voir, ét dixhuit Externes (j'en ſuis une), qui viennent, quand elle les demande.

» Sofie n'eſt pas l'aînée ; c'eſt Angelique : mais c'eſt la Première qui en a le titre, à-cause de ſa tâille ét de ſon genre-de-beauté. Cette Enfant a été très-malheureuse, toute ſa vie. Son Père, qui était un libertin, avant de faire caſſer ſon mariage, avait cèdé ſa Femme à un Abbé Journaliſte-Compilateur, qui en était devenu amoureux,

Ét il avait pris., par économie, dans une de nos maisons, une groffe Fille excuisinière, qui lui coûtait moins que fa Femme ne lui raportait. Il avait gardé deux Enfans, Sofie ét Adèle : Sa Femme avait Angelique l'aînée, ét Zefire la plûs-jeune : L'Abbé, qui voulait avoir l'air decent, quand il fe promenait avec Mad. Ogret, tenait Angelique par la main, ét fesait porter Zefire par une Gouvernante d'Enfans.... Mais revenons à Sofie.

» Dès l'âge de fix à fept ans, qu'elle avait alors, elle était charmante. La groffe Cuisinière - concubine de M. Ogret, était une catin : Il le favait, ét comme il était laid à faire-peur, il l'avait prise ainfi, pour avoir moins de difficultés à furmonter. Mais pouvait-il prevoir ce qui arriva ? Il avait des jours, cù il dînait, chés l'Abbé fon ceffionnaire, ou chés differens Directeurs des Petits-spectacles : On savait l'heure à laquelle il devait rentrer. La grosse *Gillette* en profitait, pour continuer son metier, dans la maison de son Maître. Elle sortait, *fesait un Homme*, ét l'amenait à la maison. Dabord, elle fesait retirer les Enfans : mais insensiblement elle negligea cette precaution ; elle affecta même de les parer. Un-jour, certain Libertin trouva Sofie charmante, ét il la caressa... Gillette sentit alors tout le parti qu'elle pouvait tirer des deux Enfans.... Elle gâgna gros, jusqu'au moment où un mal survenu à la bouche de Sofie, obligea de la traiter. Le Père ét la Mère s'informèrent alors , ét apprirent du Voisinage l'étrange conduite de Gillette !... On la fit mettre à l'Hôpital ; le Père ala en Province ; tous les Enfans restèrent avec leur Mère, ét l'Abbé fut comme un bon Père-de-famille.

Mais il mourut. Ogret revint, ét d'après la loi nouvelle du divorce, fit caſſer ſon mariage, apparemment peu ſolide, ét ſe remaria. La Mère en-ſeignait la geographie, depuis la mort de l'Abbé, elle avait trop de peine; elle prit le parti que je vous ai dit.

• Sofie, quand ſa Mère eut fait ſon nouvel Etabliſſement, ſe reſſouvint du metier qu'on lui fesait faire enfant : Elle ſeconda ſa Mère auprès de ſes trois Sœurs. Mais inſtruite à ſes depens par la maladie, qu'elle avait eue, elle leur donna des lumières utiles :

″—Mes Sœurs (leur dit-elle), nous remplirons les vues de notre Mère, ét nous ferons venir ici l'abondance, ſans qu'il en coûte rien à notre ſanté, ni même à nos charmes : Nous ferons des *Houris*, des Artiſtes, des Catins morales ; ét nous aurons de viles Creatures, ſans principes, pour faire le materiel de la besogne. Regardez-moi, de ce cabinet obfcur, pendant quelques jours ; après quoi , vous m'imiterez. On ne me touchera pas même le fein. Je veux le conferver, comme le refte. Quant à ma bouche, elle n'en fouffrira jamais une-autre. Pour des baisers communs, à la bonne-heure. Je veux que notre état, ét les vues de notre Mère, à laquelle nous devons tout , depuis que notre Père nous a fi cruellement abandonnées! ne nous empêchent pas de trouver un Mari, auquel nous porterons notre fleur , comme la plûs Honnête-fille. Et ne croyez pas, mes Sœurs, que le parti que je vous propose, nuise à notre profit! aucontraire : Les Hommes ont un plaisir infini à recevoir les careffes d'une Vierge. Il faudra feulement avoir la plûs grande attention à nous remplacer rapidement. Je veux creer

un

un genre de volupté nouvelle : on nous aura toutes-quatre : nous-previendrons par-là l'oubli, l'inconſtance, le dégoût : La jouiſſance, que donnera une cinquième Fille, ne blâsera pas ſur notre compte, mais ſur le ſien.... Aureſte, laiſſez-moi vous conduire-.

» Ainſi parla Sofie. Ses Sœurs, attendries, l'embraſſèrent, ét ſa Mère l'admira : Elle fut proclamé l'Aînée.

» Dès le même ſoir, ſa Mère n'ayant encore qu'une Etrangère, elle mit ſa theorie en pratique. Mad. Ogret *fit un Homme* ſeule ; en rentrant, elle le livre à Sofie, qui venait d'exercer ſes trois Sœurs : Sofie le *pelota*, ét Angelique la remplaça, lorſqu'elle ſ'enfuit. Cette jolie Blonde éblouit par ſon éclat. Elle eut bientôt tous les vœux du *Miché.* Elle ſ'échappe, à ſon tour, ét l'Homme tombe dans les bras d'Adèle ! Il fut ſurpris... Mais à-peine eut-il satiffait le sens de la vue, auquel les quatre Sœurs ne devaient rien refuser, que Zefire paraît, ét Adèle s'évade. L'Homme veut jouir avec cette aimable Enfant : Zefire avait des talens naturels ; elle porta le delire au comble.... La Manœuvre parait alors, ét sans beaucoup d'art, elle achève l'ouvrage.

» Mad. Ogret avait été temoin de tout. Elle pleura de joie, en embrassant ses Filles, ét elle dit à Sofie, ces mots remarquables : —Sofie ! la bien nommée, car tu as la vraie sagesse ! Sofie ! je suis ta mère ; mais je te serai soumise, plûsque tes Sœurs ! C'est toi qui est la maîtresse ici, ét tout s'y fera par tes ordres-!

» En-effet, Sofie conduit tout admirablement. Elle a des Filles de tous les genres-de-beauté ; c'est elle qui a fait acheter la *Noire* ét la *Cuivrée*, qu'elle a mises au rang des Houris, à-cause de leur *unité*.

» Sofie a fait un Amant, parmi les Hommes qui l'ont vue. Cet Homme, qui a du merite, après s'être affuré de la conduite de Sofie , en eft devenu éperdûment amoureux.   Mais quoiqu'elle l'aime, elle ne lui a pas encore accordé fa fleur :   Elle veut le mariage, ét il f'y eft determiné.   Mais il n'obtiendra rien qu'après la conclusion ».

Demain, je vous ferai l'hiftoire d'Angelique : car je penfe qu'aujourd'hui, je vous en ai donné pour vos fix francs. Elise nous quitta, ét nous vinmes écrire fon recit très-fingulier, très-étonnant ! ... Paris! Paris! que tu es étrange !... Mais la Revolution diminuera les abus !

XVIII.me FILLE:

ANGELIQUE.

Après avoir reçu notre present, Elise prit la parole, en ces termes :

» — Ce que je vous ai dit hier, me dispense aujourdhui de tous les preliminaires.

» La blonde Angelique, quoique moins grande que Sofie, a quelquechose de si seduisant, qu'on éprouve, après l'avoir vue, la soif hidropique de la revoir. Elle n'a pas voulu des hommages multipliés, que lui ont offerts tous les Hommes qui l'ont vue chés sa Mère, au-moyen du filet tendu au *Palais-Royal.*

» Un jour (c'était un mardi), elle se trouva aux Italiens : On donnait la *Brouette,* & Un Jeunehomme à l'amphitheatre, qui se trouvait à-côté d'elle, ét qui la prit pour une jeune Bourgeoise, lui marqua beaucoup d'attentions. A la fortie, Angelique, qui était avec l'Auteur de la feconde pièce, remercia le Jeunehomme, qui parut comblé. Elle monta env oiture, ét arriva chés fa Mère.

» Or il faut obferver, qu'il y a pour cette maison, trois portes. La porte du Public ; la porte-derobée, ou des Perfonages graves, ét la porte honnête, par laquelle on reçoit les Gens pour affaires, ét les vifites bourgeoifes. On trouve également trois fortes d'appartemens, les publics, les fecrets, ét les honnêtes. Ce fut par la porte honnête ét bourgeoife, qu'Angelique rentra. Les Voifins de cette porte ne connaiffent Mad. Ogret, que pour une Bourgeoife vivant de fes rentes. Ainfi le Jeunehomme, ayant vu rentrer fa Belle, ét f'étant informé à un Marçhand - Mercier de la rue *de-Richelieu*, on lui dit, que c'était la seconde Fille d'un Dame aisée, qui payait bien, ét qui jouissait d'une excellente reputation. Le Jeune-homme fut tout-à-la-fois enchanté, ét intimidé ; il craignit que sa Maîtresse ne fût trop audessus de lui ..

C'était le fils d'un riche Marchand-de-draps, de la rue Saintdenis. Il n'avait plus que sa Mère, femme très-devote, ét sa fortune bien-liquidée, montait à centmille écus. Il revint le lendemain dans le quartier d'Angelique, ét l'ayant aperçue à la fenêtre, il la salua. On lui rendit sa politesse. Enchanté, il monta. Angelique en fut surprise ! mais elle ordonna d'ouvrir.

— Mademoiselle (lui dit le Jeune-homme), pardon de ma temerité ! mais je suis épris, ét je sens que c'est pour ma vie : Dites-moi sincerement, Si vous êtes trop audessus d'un jeune Marchand-Drapier, riche de cent mille écus-? Angelique rougit, en lui repondant : —Monsieur, je suis plutôt audessous, qu'audessus. —Hâ ! je suis comblé ! (s'écria le Jeunehomme).. Puis-je vous faire demander en mariage? —Si ma Mère le permet , Monsieur. —J'ai une Mère aussi : Elle viendra voir la vôtre? —Comme il vous plaîra-. A ce mot, le Jeunehomme se jeta sur la main d'Angelique, la baisa , & se retira precipitamment.

» Deux heures aprés, il parut avec sa Mère. Les quatre Sœurs étaient ensemble. —Voila une jolie Famille ! (dit la Devote). Elle pria qu'on l'introduisît auprès de la Mère. Angelique y conduisit la Dame & son Fils. Mad. Ogret, deja prevenue, fut enchantée. Comme elle parlait bien, qu'elle avait le ton pathetique-affeétueux, elle capta la Devote Drapière, qui dit à son Fils :

—C'eſt tout merite , dans cette heureuse Maiſon! Je ne m'iı fo me pas de la dot : Si Madame ét Mademoiſelle y conſentent , voila ma bru-? Mad. Ogret donna ſon avéu ; Angelique laiſſa entrevoir le ſien , ét les articles furent preparés.

Or dans le même temps , Sofie avait amené ſon Amant à l'épouser ; ét Adèle ainſi que Zefire n'étaient pas moins avancées, comme vous le verrez demain.

§ Cette ſeconde Hiſtoire repoſe un peu l'imagination... Hâ! que n'avons-nous des faits attendriſſans à rapporter!

XIXme FILLE:

ADÈLE.

Le jour suivant, Elise ne manqua pas au rendevous.

»—J'entre dabord en matière (son recit l'amusait elle-même). Je ne crois pas que vous revoyiez jamais les quatre Sœurs dans ce Jardin, dumoins comme vous les avez entrevues.

» Adèle est la Rouge: Elle a fait son Amant d'une manière étrange ! L'unique-fois qu'elle soit sortie à-pied, depuis que sa Mère est ... comment dites-vous cela ? —Matrullé. —C'est un singulier mot !... Matrullé donc, elle fut aperçue par un Jeunehomme qui était dans un Hôtel-garni, n.º 22. Il sortit precipitamment de l'Hôtel, ét courut après elle, tout - boté, tout-éperoné, qu'il était. Il accrocha un

G v

de ses éperons dans la jupe de gaze
traînante d'Adèle ; ce qui la fit s'arrêter, ét se retourner. Le Jeunehomme,
qui était un beau Brun, l'étreignit dans
ses bras, ét chercha sa bouche, pour lui
prendre un baiser. Adèle esquivait,
ét tout en se defendant, lui fesait des
remontrances sur l'indecence, ou l'inconvenance de son procedé ; *inconvenance* fut son expression. Le Jeunehomme n'en tenait-compte, ét l'ayant
rencognée sous une porte, il lui declara, qu'il ne la quitterait pas, qu'il n'eût
ravi la faveur qu'il desirait. Adèle se
defendit, si longtemps, qu'elle en était
à nâge. Epuisée, elle ne donna pas,
mais elle fut obligée de laisser prendre.

Le Jeunehomme lui dit alors : —Tout
m'a reüssi à-souhait : Je voulais respi-
rer la pureté de votre haleine ; je voulais savoir si vous n'aviez aucune odeur,
échauffée jusqu'à la sueur. Tout eſt

comme je le desire : J'adore les Femmes de votre poil ; mais j'en redoutais
les inconveniens. Vous n'avez pas ces
derniers ; vous êtes parfaite à mes ieux.
Ainsi, Mademoiselle, ſi vous le voulez,
je ferai votre amant, votre mari, votre tout ce qui vous plaîra-? Adèle,
rouge comme la cerise fraîche, baiſſa
les ieux ; mais un joli fourire la decela.
Le Jeunchomme lui baisa la main, ét la
ſuivit des ieux feulement. Elle revint,
ét il la vit rentrer par la porte honnête.
Il ſ'informa, ét on lui dit mille biens de
Mad. Ogret ét de ſes Filles. Il rendit
une visite ; trouva les quatre Sœurs enfemble, avec les deux premiers Amans,
ét devint le troisième, encouragé par
l'exemple ».

Elise, en achevant ces mots, nous
quitta ſubitement, malgré la briéveté
de l'hiſtoire. Nous nous en confolames,
en examinant le tran-tran de ſes Pareilles.... Il nous fit horreur ét pitié.

XXme FILLE:

ZEFIRE ét *ZOÉ.*

— Me voici (dit Elise, en accourant audevant de nous, dans la grande alée, en fortant des *Variétés*). —Alons, votre temps eft precieux ; je vous écoute ? (lui repondimes nous).

„—Zefire eft la plûs delicieuse Fille, qui foit au monde. Je vous ai dit, qu'elle avait un Amant, comme fes trois autres Sœurs. Il eft-beaucoup plûs relevé ; car celui d'Adèle eft un Etranger fort riche, il eft vrai, mais fimple Colon des Iles.

„ Un-jour, que Zefire recevait un Jeunehomme , que fes trois Sœurs avaient émouftillé, au-moment de f'é-chapper, elle ne fut pas affés promptement fubftituée. Le Jeunehomme fe voyant abandonné, dans le moment

le plûs voluptueux, s'écria : —Hé !
quoi, celeste Houris ! vous me quittez!...
Hâ ! ne croyez pas qu'Une-autre
puisse vous remplacer, comme vous-
même en avez remplacé trois ! Non!
non ! je renonce à l'amour, à la jouis-
sance, au plaisir, à la volupté , si vous
ne me les procurez-! Zefire ne voyant
Persone, revint auprès de lui, avec
autant de legèreté qu'elle avait disparu.
—Je ne puis faire ce que vous me de-
mandez, quoique... je vous prefère à
tous les Hommes (lui dit-elle). Je
suis une Houris mortelle; je ne puis
continuer à l'être, qu'en me comportant
comme je le fais... Adieu... Voici la
Volupté , qui vient à vous-. A ces
mots , elle s'enfuit, legère comme le
Vent dont-elle portait le nom.

» Une Joliefille entra: C'était une
Vierge. Elle s'approcha timidement
du Jeunehomme , ét lui dit: —Je me

nomme *Zoé*: Je n'ai pas le privilége, comme les quatre Houris, de l'être toujours : mais je le suis aujourdhui ; ét Madame, mère des quatre Sœurs que vous venez de voir, m'envoie à vous, pour vous recompenser de votre bonne-conduite avec elle. —Comment êtes-vous Houris, aujourdhui ? —Je ne suis ici que depuis quinze jours : Madame me reservait pour une bonne occasion : Elle a pensé qu'elle ne pouvait en trouver de meilleure, pour donner le tresor que je possède encore. —Alez, ma Fille ! (dit le Jeunehomme) : Jamais je ne verrai d'autre Femme que Celle qui me quitte : Qu'elle dise à quel prix elle se met : Je lui donnerais mon sang, si elle l'exigeait-. La Jeunefille se retira.

»Dès qu'elle fut partie, Zefire rentra, mais avec sa Mère. Zefire courut se jeter dans les bras du Jeunehomme,

en lui disant. —Je me donnerais tout-
à-l'heure , si Maman y consentait.
Mad. Ogret observa au Jeunehomme ,
Que Zefire, était sa quatrième Fille :
Qu'elle était pucelle ; que ses trois
Sœurs - aînées avaient chacune un
Amant , dont elles alaient devenir les
épouses : Qu'il se tâtât, pour sentir ,
S'il aurait la force de les imiter ?

Le Jeunehomme était trop épris ,
pour hesiter. Il jura d'épouser Zefire.
On lui repondit, qu'il ne la possederait ,
qu'après le mariage. Il falut se sou-
mettre. Il demanda seulement , qu'on
ne le fit pas languir. Il sortit ».

Je pourrais vous quitter ici. Mais
je ne veux pas vous faire payer ces
Histoires plûs chèr que vous ne les
vendrez au Libraire. Je vais vous donner le denoûment.

» Sofie ét Zefire étaient connues de
leurs Amans pour ce qu'elles étaient.

Mais Angelique ét la rouge Adèle étaient regardées comme des Filles ordinaires. Le même jour que Zefire eut un Amant, elle fortit le foir avec fes Sœurs (c'eft le foir que nous les avons vues); Elles venaient prendre l'air un inftant. Mais ayant aperçu le Marchand-Drapier, elles rentrèrent precipitamment, non de peur d'en être vues, mais pour ne pas fe promener avec lui dans le Jardin, ét ne pas donner occasion à Quelqu'un de l'inftruire. Le Marchand-Drapier les voyant fuir, les fuivait, quand il fut arrêté au pied de l'efcalier-de-paffage, par le Chevalier *des Monettes*, amant d'Adèle.

„—Vous courez après ces Jeunes-perfones (dit le Chevalier). —Oui. —Les connaiffez-vous ? — Oui. —Qu'en dites-vous ? —Mais beaucoup de bien! Je dois en époufer Une. —Laquelle? —La Plûs-belle. —Qu'eft leur Mère?

—Une bonne Bourgeoise, qui vit de fon bien. —Bon !... Moi j'épouse auſſi la Plûs-belle. —Hâ ! mon Beaufrère, ou mon Rival ! Entrons enſemble pour nous éclaircir ? —Non ; causons un peu. Ils rentrèrent dans l'alée.

» Au même inſtant, un Orloger , de la connaiſſance du Drapier, les aborda. —Tu étais ſur les pas des Houris ! (lui dit-il). —Qu'eſt-ce que les Houris ? —Ces ſix Belles, qui viennent de rentrer. —Comment ſais-tu que ce ſont des Houris-? L'Orloger lui raconta ce-que je vous ai dit. Le Drapier ſe mordit les lèvres: mais il ne dit mot. Il quitta l'Orloger, ét dès qu'il fut ſeul, il ala ſe presenter à la porte deshonnête. La Portière l'introduiſit miſterieuſement. On lui donna ſucceſſivement quatre Joliesfilles, mais ce n'étaient plus Sofie , Angelique, Adèle ét Zefire : Elles n'exerçaient plus leur art voluptueux, depuis que les mariages étaient affurés. Le Drapier ne vit rien.

„ On le fit fortir, après lui avoir offert la Noire ét la Cuivrée, qui s'ef-quivèrent comme les Houris. Il ne fut pas très-preffant avec elles, il aimait trop Angelique. Il ala chés elle par la porte honnête.

„ Franc ét fincère comme il était, mais polie, aulieu de lui ouvrir fon cœur, en bleffant la delicateffe, il demanda un entretien à la Mère, pour lui conter tout ce que l'Orloger lui avait dit. Mad. Ogret ne lui repondit pas: Elle fit entrer fes trois Gendres futurs, qui venaient d'arriver, ét leur dit, d'agir avec le Quatrième, comme leur prudence le demanderait. On l'inftruisit, afin qu'il prit des precautions; ét il épousera comme les Trois-autres „.

Elise disparut, en achevant ces mots.

J'ai su depuis son recit, que les quatre mariages s'étaient faits. Angelique est devote avec sa Bellemère, dont elle est cherie, ét qui la vante à tout le monde, comme un Modèle... ét sa manière de se mettre est si differente de ce qu'elle était au *Palais-royal*, que Persone ne peut la reconnaître à l'Apport-Paris. Adèle est dans le Pays-étranger. Sofie est montée dans la Magistrature. Pour Zefire, idole de son Mari, elle le suit dans les Garnisons, ét lui est scrupuleusement fidelle...

Il nous reste à faire l'histoire des deux Houris de *couleur*.

XXI.me FILLE:

ESTHER.

Lorsque Mad. Ogret eut acheté cette belle Noire, (nous dit Elise), elle l'amena d'abord à ses Filles, qui s'éprirent pour elle d'une telle amitié, à-cause de la douceur de sa fisionomie, qu'elles supplièrent leur Mère de la traiter comme elles-mêmes. Mad. Ogret, malgré tout, est bonne mère; elle y consentit. Sofie ét ses Sœurs apprirent le français à Esther, qu'elles nommèrent ainsi ; car elle n'est pas encore batisée : ét c'est ce qui fera son bonheur.

» Dès qu'Esther sut parler, les Jeunes-Ogret s'empressèrent de lui demander son histoire. Esther avait alors douze ans ; il y en avait quatre, qu'elle avait perdu son Père, trois qu'elle avait

été enlevée d'Afrique ; deux qu'elle
était arrivée en France, ét une, qu'elle
était au Couvent des Houris. Je vais
tâcher de vous rendre son recit tel que
je l'ai entendu ; car j'étais alors une
des Materielles de la Maison. C'eſt
elle qui va parler.

» Je ſuis née dans un Pays bien chaud,
comparé à celui-ci, ét qu'on nomme chés
nous *Iouda* , ét vous *Juida*. Mon
Père était vieux ét riche ; il alait tous
les jours chés le Roi. Or il faut ſavoir que, chés nous, tout appartient
à l'Aîné des Fils, les biens, les Femmes, les Enfans de ſon Père. Nous
étions plûs de cent Enfans ; ét notre
Aîné, qui avait trentecinq ans, était
bien dur, au ſentiment de tout le monde. Et mon Père lui disait ſouvent :
—Nouhah ! Nouhah ! tu-eſt trop dur !
ét j'émanciperai toute ma Famille, en
mourant, depeur que tu ne la traites

en esclave, ét que tu ne pousses la barbarie jusqu'à la vendre aux Europeans-! Et Nouhah repondait : —Vous êtes le maître, mon Père-. Mais le Mechant craignit l'effet de cette menace, ét il commit un crime horrible.

» Il ala trouver le Roi, qui était à-peuprès de son âge, ét qui l'aimait beaucoup, ét il lui fit entendre, que le zèle de sujet l'emportant sur la piété-filiale, il lui devoîlait un complot de son Père, pour livrer le Royaume au Roi d'Agra, ancien Suserain d'Iouda. Le Roi crut le mechant Fils : Il manda le Vieillard, lui fit mille caresses, ét au moment où mon Père s'inclinait devant lui pour le remercier, il tira son sabre, ét lui fit tomber la tête.

» Tous les biens, les Femmes ét les Enfans d'un Homme tué des mains ou par les ordres du Roi, sont confisqués, ét ce sont les Femmes du Roi qui vont, comme des furies, faire la confiscation ; parcequ'elles n'ont que cela ét leur travail pour subsister. Mais le Roi declara, qu'il remettait la confiscation au Fils-aîné, du Puni. Ce qui mit toutes les Reines bien en colère !

» Or ma Mère était l'épouse favorite de notre Père. Mon Frère-aîné, par la loi du pays, a le droit de prendre ses Bellesmères pour femmes, d'en faire ses Servantes, ou de les vendre : Mais s'il couche avec elles, il ne peut plus les faire ses esclaves, ni les vendre ; elles deviennent ses femmes. Nouhah brûlait pour ma Mère. Dès que son Père fut mort, il vint lui demander, si elle était enceinte ? Ma Mère, qui voyait ses ieux étinceler, ét qui ne savait quel était son dessein, voulut éviter de passer dans ses bras, le jour même de la mort de son Mari : Elle le pria d'attendre quelques jours, pour s'affurer qu'elle ne l'était pas : car fi un Fils *voyait* la Femme de fon Père enceinte, c'eft comme f'il voyait fa propre Mère; il ferait inceftueux, ét puni de mort. Nouhah fremit de rage ét de luxure. Alors m'ayant apperçue, il demanda, fi j'étais nubile; car on l'eft dès huit ans, dans notre pays. Mais moi, j'étais plûs tardive, peutêtre, parcequ'il y avait du fang portugais dans celui de ma Mère; une de fes Ayeules étant de cette Nation; je n'ai été nubile qu'à dix ans.

» Sur la reponfe de ma Mère, que je ne l'étais pas encore, le brutal Nouhah nous prit toutes-deux violemment par le bras, ét nous fit jeter au rang des Efclaves. Quelque-temps après, il nous conduifit à un Vaiffeau europ	ean, qui fe trouva français, ét nous vendit. Nous partimes par un beau-temps. Nous ne fumes pas enchaîuées. Ma Mère fut

deftiné

deſtinée aux plaisirs du Capitaine. Pour moi, des Europeans, ét ſurtout des Français, devaient me regarder comme une Enfant : on ne feſait pas attention à moi.

» Un-jour, le Pilote, homme fort ét vigoureux, trouva ma Mère ſous ſa main. Il lui fit ſigne, en jurant, de ſe coucher. Elle refuſait. Il la renver‑ ſa, ét la força. Elle ne cria pas cepen‑ dant, depeur de cauſer un malheur. Mais le Capitaine ſurvint. Il tua du même coup le Pilote ét ma Mère, dont les corps furent jetés à l'eau. Cette ac‑ tion aliéna l'Équipage : On ſe jeta ſur l'Aſſaſſin, on le lia, ét l'on le amena le Vaiſſeau à un port de France.

» Le chargement n'était pas en Eſcla‑ ves ; il ſ'y en trouvait très-peu. On me vendit, à Larochelle, ét ce fut une Dame, toute prête à ſe rendre à Paris, qui m'acheta. Le Fils de cette Dame

I Partie.   H

me trouva de son goût, ét voulut m'assu-
jetir à ses fantaisies. Sa Mère nous entendit, accourut, le gronda, d'une manière très-insultante pour moi, ét chercha l'occasion de me vendre. Elle choisit votre Mère, dont elle connaissait
l'état, pour m'éloigner d'autant plûs
sûrement de son Fils.

„ Vous savez le reste de mon histoire,
mes Bonnes-amies: Vous m'avez traitée en sœur; votre Mère m'en a servi,
ét j'ai encore ma fleur; bienfait inesti-
mable! puisque si je trouvais mon Jeune-
amant, je mettrais mon bonheur ét ma
gloire à la lui faire cueillir ".

„ Voila ce que dit Esther. C'est à
moi d'achever.

„ Un de ces jours (car c'était à la fête
des noces des quatre Sœurs), un Jeunehomme en deuil aperçut Esther, qui
montait en voiture. Il fait un cri,
s'élance à la portière, au risque de se

faire écrâser, ét parle à la belle Noire. C'était son Amant. Elle lui permit d'entrer auprès d'elle. Ce Jeunehomme n'a que dixhuit ans. Il apprit à sa Maîtreffe, que sa Mère était morte; qu'il était émancipé, ét cependant sous la dependance d'une Tante fort-devote. Ils renouvelèrent ainfi connaiffance, ét se promirent de se voir tous les jours.

» Il vint dès le lendemain. Mad. Ogret était prevenue par Efther, ét par fes Filles, qui l'intereffaient vivement à la Jeune-Noire, alors âgée de 13 ans, mais parfaitement developée. Madame Ogret refta presente à l'entretien, examina le Jeunehomme, le fcruta, ét le trouvant affés amoureux pour époufer, resolut d'agir avec adreffe.

» Elle ala chés la Tante devote, lui vanta la naiffance, la beauté, le caractère, les mœurs d'Efther: Et la voyant emerveillée, elle ajouta: —Elle n'eft pas encore batisée; elle le fera la veille du mariage, ét vous donnerez à votre Neveu, une Epouse digne d'entrer au Ciel-. Telle eft la force d'une raison donnée à - propos, par une Perfone adroite! La Dame f'attendrit; elle n'envisagea plus dans Efther, que l'innocence baptifmale. Elle la voulut voir: La Jeunefille fut conduite chés elle, ét la charma par fa douceur. On engaja la Dame à être fa Mareine; ét alors, devenue fa Mère-fpirituelle, elle en prit tous les fentimens : Elle disait à fon Neveu : —Tu feras mon Gendre, ét Dieu te benira, en confideration de la pureté-d'âme de ta Femme-.

» Efther fera batisée demain, ét mariée après ».

Tel fut le reçit d'Elise, rencontrée aubout de quelques foirées d'abfence.

XXII.me FILLE:

ZILIA.

Je m'acquite aujourd'hui de mor bail avec vous (nous dit Elise) : Car en-verité, je me croirais mariée, fi je continuais plûs longtemps à ne parler qu'au même Homme : Or vous favez quelle horreur j'ai du mariage ! .

» Zilia, la plûs feduisante des Creatures, car je l'ai vue avec les Hommes, nous eft venue d'Efpagne. Elle ne favait que fa langue naturelle, ét un peu d'efpagnol, quand un Juif, qui l'avait amenée à Paris, pour la proftituer , eut occasion de connaître Mad. Ogret. Il voulait dabord la lui louer : mais les Filles de la Dame, ét Efther elle-même, ne l'eurent pas plûtôt avec elles, qu'elles declarèrent à M. le Juif efpagnol, qu'elles ne la ren-

H iij

draient jamais.   Il voulut fe plaindre au Lieutenant de Police M.*Decrofne*, qui exiftait encore :   Mais Mad. Ogret, qui eft éloquente, fe prefenta, pour plaider fa cause contradictoirement, la gâgna, ét l'Ifraélite fut honni.

» En fortant, elle dit à cet Homme : —Je fuis plûs honnête que vous : Je vous offre une fomme. —Je veux cent louis-! (repondit le Juif).   Mad Ogret qui a l'âme grande, le conduisit chés elle, lui en remit centcinquante, lui fit donner quittance, ét devant lui, remit le papier à Zilia, en lui disant de le conferver.   Le Juif fe retira, furpris, mais fans avoir pu concevoir ce que c'eft que la generosité : c'eft une vertu trop loin des mœurs de fa Nation.

» Zilia fut affimilée aux Filles de la maison, ét à la Belle-Noire : Elle refta Houris.   Infenfiblement, elle ap-

prit le français, ét ce fut lorsqu'elle
fut parler, qu'on lui demanda son histoire. Il faut dire ici, qu'Esther ét
Zilia, nées dans des climats chauds,
portaient le charme des preludes plûs
loin que les quatre Sœurs; c'est pourquoi elles leur succedaient, aulieu de les
preceder. Elles donnaient le dernier
periode de la volupté, ét en sortant
de leurs mains, souvent un Vieillard,
mari d'une Jeune-épouse, qu'il amenait par la porte honnête, ét qu'il fesait
tenir dans une chambre voisine, se
trouvait dans le cas de la feconder,
quoique septuagenaire. Ce qui prouve
que Mad. Ogret, femme très-philoso-
phe dans notre état, fait joindre l'utile
à l'agreable.

—Nous ne savions pas ce trait!
(interrompimes-nous), ét nous vous
en remercions.... Il est très-interessant
de le savoir... (ét de le publier-!) pensa-
mes-nous.   H iv

» Ne m'interrompez plus , ou je termine la feance , ét il vous en coûtera fix francs de plûs, pour une feule phrase....

» Zilia commençant à écorcher le français , les cinq Amies la prièrent de leur faire fon hiftoire , que je vais tâcher de rendre le mieux que je pourrai.

»—J'ai quatorze ans : Je fuis originaire de *Quito*, capitale du Perou , ét née à Bofton. Ma Mère, defcendante des Incas, par fon Père ét fa Mère, dont la Famille avait toujours vêcu fous la protection des Vicerois, était deftinée à époufer Un de fes Coufins, lorfqu'elle fut aperçue par un Jeune-Français , marin de profeffion , qui était envoyé à Quito par le Gouvernement. Soit que ma Mère fût reellement belle , foit que le Jeune-Français n'eût pu trouver d'autre Femme, il la pourfuivit de la manière la plûs vive ét la

plûs fecrette. Ma Mère fans-doute le
trouva aimable, ou il lui fit violence ;
c'eſt ce que j'ignore : mais elle devint
enceinte de ſes œuvres. Sa Famille en
fut très-fâchée, lorſqu'elle ſ'en aperçut! On n'oſait ſe plaindre au Viceroi,
depeur d'être puni : On n'oſait pas non-
plûs proposer au Jeune-Français d'é-
pouser ma Mère. Il falut devorer ſa
douleur.

» Cependant le temps fixé au Jeune-
Français, pour ſ'acquiter de ſa com-
miſſion, venait d'expirer. Il annonça
qu'il alait partir. Comme on ſ'imagi-
nait qu'il n'avait *comprimé* ma Mère
qu'une-fois, ét qu'il ignorait ſon état,
l'on était dans la ſecurité. Mais ils
ſ'étaient revus; ils ſ'aimaient, ét le Vaiſ-
feau étant parti le ſoir, par un vent
frais, pour retourner dans l'Amerique
anglaise, alors à la veille de ſe ſoulever,
on ne trouva plus ma Mère.

H v

» Elle arriva, prête à me donner le jour, à *Boston*, où je vins au monde. Mon Père ét ma Mère se rendirent à *Philadelphie*, où ils me laissèrent, âgée de 15 mois.   Mon Père ala combatre, ét disparut.   Ma Mère revint auprès de moi, sans pouvoir encore se faire entendre, ni en français, ni en anglais : Elle m'éleva, des debris de sa fortune, jusqu'à l'âge de sept ans, en me parlant toujours peruvien.   Mais j'appris un peu d'anglais avec mes Compagnes. Elle partit alors pour le Perou, où elle arriva, lorsque j'eus huit ans.

» Son Père ét sa Mère étaient morts. Le Viceroi s'était emparé de leur fortune, ét il traita ma Mère d'imposteuse, quand elle se nomma.   Il la fit mettre en prison, où elle mourut de douleur.

» Quelque-temps après, mon Père, qui avait été fait esclave ét retenu par les Sauvages, se presenta, pour

reclamer ma Mère, ét moi avec elle.
On le reçut fort mal ! Il m'enleva ;
j'avais alors neuf ans , ét me conduisit
en France.   Ce fut de là , qu'il adreſſa
ſes plaintes au Gouvernement eſpagnol.
Mais il diſparut , avant d'avoir obtenu
juſtice.

» Il m'avait donné pour duègne, une
Mulâtre creole des *Antilles* , qui ſ'empara de tout ce que me laiſſait mon
Père , ét me conduisit à Paris, où elle
m'a vendue à votre Mère , comme
étant ſa fille.   Je ne la ſuis pas.   Je
ne pus alors la dementir , n'entendant
pas le français : mais j'ai ſouvent entendu raconter à ma Mère , ét à mon Père
lui-même , ce que je viens de vous
dire- ».

» Tel fut le recit de Zilia la peruvienne.   Vous ſavez ſon emploi chés
Mad. Ogret.   Elle y était la dernière
des Houris.   Un de ces jours, il eſt

venu chés Mad. Ogret, par la porte des *Filles*, un Homme basané, qui paraissait fort triste. Esther n'était deja plus au nombre des Amuseuses; Zilia était la seule restante des six. On hesitait à la faire paraître. Mais cet Homme était plongé dans une rêverie si profonde, qu'on voulut l'en distraire. On introduisit Zilia auprès de lui. Elle s'avança vivement, ét lui prit la main. Il lèva les ieux sur elle, fit un mouvement brusque, la regardâ encore, ét lui demanda, Quî elle était? —Zilia De Fremont... —De-Fremont! Zilia!... Votre Mère?... —Est de Quito, fille des Incas; un Ieune-Français, M. De-Fremont... —Ma Fille!... ouî, c'est elle.... Je retrouve ici ma Fille... prostituée.... Je veux tuer la Malheureuse!... —Arrêtez, ô mon Père !... car je vous reconnais aussi..... La Dame, chés laquelle je suis, est ma bienfaitrice-!... Et elle lui conta, comment elle était encore pucelle ; comment la Duègne-creole l'avait vendue : Elle lui fit l'histoire du mariage des Cinq-autres Houris. M. De-Fremont l'écoutait, sans l'interrompre. Enfin, il lui dit plûs calme :

„—Ma Fille, ma chère Zilia! d'après ce que tu me dis, je vois que je dois beaucoup à la Dame Ogret; je lui en marquerai ma reconnaissance : Mais je punirai l'Infame qui t'a vendue... Alons, prepare-toi à quitter cette maison : C'est dans celle de ton Père que tu dois vivre. Je vais remercier Mad. Ogret, ét lui donner ce qu'elle me demandera, ne voulant pas disputer sur le prix de ma Fille-.

„ Mad. Ogret avait entendu les cris du Père ; elle accourait, ét se presenta. —Je ne demande rien, Monsieur, que votre amitié, son ressouvenir, ét ſa reconnaiſſance pour mes Filles, qui l'ont aimée comme une Sœur. Emmenez-la ; voici tous ſes effets. Trop heureuſe d'avoir conſervé une Fille à ſon Père ! —Vous êtes une bonne Femme ! (ſ'écria M. De-Fremont) : Alons, je ferai votre ami. J'ai un parti pour ma Zélia. Il faut m'aider à lui donner d'honnêtes informations ? —Rien ne m'eſt plûs facile ! (ſ'écria Mad. Ogret) : J'ai deux reputations differentes : Je ſuis une bonne Bourgeoiſe, vivant de ſon bien, en ſortant par ma pŏrte de la rue de-*Richelieu.* J'ai marié mes Filles ; j'ai gâgné ; je vais me retirer, ét vous pouvez me nommer Mad. N*** (elle dit un nom très-approchant au ſien), comme tenant la penſion où votre Fille a demeuré-.

» C'eſt ce qu'a fait M. De-Fremont. Mad. Ogret quitte le *commerce*, ét la plûs Honnête-femme de notre art, va l'abandonner à fa turpitude, fi quelque Femme, de-genie-comme elle, ne le relève ». Adieu-......

» J'alais oublier de vous dire un mot de la petite Zoé! J'aurais-pu vous faire une foirée à part de cette Hiftoriette. Mais, je ne fais; j'ai des preffentimens, des inquiétudes! ét jamais ils ne me trompent! A chaque mot, que je vous dis, il me femble, que c'eft pour la dernière-fois que je vous parle. —Ne croyez-pas à ces chimères! (lui dimes-nous): à-moins que vos inquiétudes ne foient des remords-. Elife foupira.

» Le fort de Zoé à tellement touché le cœur des quatre Sœurs, furtout de Zefire, qu'elles l'on regardée comme un Objet facré. Elle avait échappé au peril, avec l'Amant de Zefire; elles n'ont plus permis qu'elle y fût expofée. En-confequence, dès le même jour, elle fut declarée Fille de la maison, du confentement de Mad. Ogret, ét elle n'entre, elle ne fort plus que par la porte-honnéte. C'eft le Mari de Zefire, qui lui cherche un établiffement ; ét les Hommes des cinq autres Belles veulent contribuer à fa dot. Le Jeunehomme qu'on a trouvé, eft d'une jolie figure: mais il eft fourd à-demi. C'eft un Etranger, d'un pays limitrophe à la France. Il en eft devenu éperdûment amoureux. On aura foin que jamais il ne foit inftruit. La Petite-perfone, de fon côté, eft ravie d'être tirée d'un état, qu'abandonnent fes Protectrices. Car vous fentez que Madame Ogret va vendre fon fond. J'en ferais bien tentée ! Car il faut une Femme d'un certain merite, pour en tirer parti. Une Matrullê ordinaire tromperait groffièrement, detruirait la confiance, ét tout f'écroûlerait-».

Nous obfervames à Elise, que nous

ne lui croyions pas le talent neceſſaire : qu'il falait avoir un fond-de-bonté, d'humanité, qui lui manquaient, pour remplir la place de ᴍad. Ogret. Elle nous regarda d'un air enflâmé : Puis tout-à-coup ſe rendant-juſtice, elle nous repondit : —La bonté, la vertu, tout ce qu'on loue tant, dans le monde, ſert-il reellement à quelque-chose ? Cela peutêtre ; mais je n'ai pas la faculté de le ſentir-!

Elise nous quitta, en achevant ces mots... Helas ! cette Infortunée n'a pas la faculté d'être vertueuse !... Elle était à la veille d'éprouver le plûs grand des malheurs. On a été inſtruit de ſa cruauté envers les Enfans des Pauvres-gens, dont elle ſe ſervait, ét on a cru, hier, devoir la ſequeſtrer de la Société. Elle eſt condamnée à dix ans d'Hôpital !

XXIII.me F I L L E:

D O R O T H É E.

Mad. Ogret n'eſt pas la ſeule Matrullé ingenieuse du Palais-royal. Un-ſoir que nous nous y promenions , en regrettant qu'Elise eût ſi bien merité d'être ſequeſtrée, nous aperçumes quatre Nimphes , qui traverſaient rapidement le bout du Jardin , pour gâgner l'eſcalier de l'hôtel Penthièvre. Nous les ſuivimes , ét notre empreſſement ayant été remarqué, l'Une d'elles ralentit ſa marche , pour nous attendre. Nous lui fimes notre proposition ordinaire, qu'elle communiqua aux Autres ; ét l'on conſentit à nous la laiſſer, à-condition , que nous ne nous promènerions que dans l'Alée des *Honteuses*, la plûs voisine du *Club* , ou ſous les Arcades, du même côté.

Celle que nous avions retenue, s'appelait *Corisandre* ; ét ses trois Compagnes, *Dorothée*, *Jeanne*, ét *Agnès*.

» —Vous voulez que je cause avec vous une demi-heure (nous dit elle): votre proposition eft honnête, ét je voudrais que tous les Hommes ne m'en fiffent que de pareilles. —C'eft votre hiftoire, ou celle de l'Une de vos Compagnes, que nous vous demandons (lui repondimes-nous). —Je ne vous ferai pas la mienne : mais pour celle de Dorothée, la plûs belle de mes trois Compagnes, je fuis prête à vous la conter ? —Parlez-? (lui dimes-nous).

» —Dorothée eft fille d'un très-vilain homme, appelé je crois *Quiftrin* , ét d'une Mère charmante, fille d'un Homme très-connu. Elle a un Frère-aîné. Comme fon Père eft unfcelerat, fa Mère ne put resifter à fes mauvais-traitemens ; elle le quitta, ét en fe feparant, elle lui fit proposer de garder le Fils, ét de lui donner la Fille, qui était en nourrice? Mais le Monftre, qui craignit que fa Femme ne retirât l'Enfant, repondit que la petite Dorothée venait de mourir. La Mère le crut, ét demeura tranquile.

» Lorfque Dorothée a eu dix ans, fon execrable Père, qui l'avait laiffée au Village, étant alé la voir, il la trouva jolie; ét comme il avait tout diffipé, il lui vint dans l'idée de fe faire une reffource de fa Fille. Il l'amena donc à Paris. Mais il ne put executer par lui-même fon mauvais deffein. Il vint ici, trouva notre Maman *Yverkop*, par-hasard, ét lui proposa d'acheter fa Fille, qu'il tenait par la main. Maman voulut favoir toutes les circonftances ét dependances. Quiftrin les dit, ét même il nomma le Père de fa Femme. Madame f'affura de la verité, avant de payer la ſomme convenue ; car il lui laiſſa l'Enfant.

» Dès qu'elle fut bien-ſûre que la Mère ét le Grandpère croyaient Dorothée morte, elle paya le prix de la Fille, cent écus, ét le même jour, elle mit Dorothée au Couvent, où elle nous feſait élever, Jeanne, Agnès ét moi. Elle prevoyait ce qui devait arriver, avec un Coquin, comme Quiſtrin,

» En-effet, dès le lendemain, il vint avec un Inſpecteur - de - police, pour reprendre ſa Fille, qui (diſait-il), ſ'était enfuie de chés lui, ét qui ſ'étaic ſauvée chés la *Ployet* (c'eſt le nom d'une Matrullê, qui demeurait alors dans la Cité, où elle était encore Marchande-lingère). Maman nia d'avoir vu la petite Quiſtrin. On fit perquiſition partout, ét le mechant Homme n'ayant pu prouver ce qu'il avançait, quoiqu'il eût amené deux faux Temoins, l'Inſpecteur ſ'en retourna.

» Maman, après cette scène, changea de quartier, ét vint dans celui-ci.
Nous avions alors, Jeanne treize-ans,
Agnès quatorze, ét moi douze. Dorothée accomplissait sa onzième, elle était
presque formée. Maman avait pour
connaissance un vieux Chevalier-de-
Saintlouis, qui lisait souvent la *Pucelle*
de Voltaire. Et il disait à Maman:
—La jeune Quistrin ressemble à *Dorothée*; la jeune *Firmin* à *Jeanne-D'Arc*;
la petite *Desplans*, à *Agnès-Sorel*, ét
la petite *Wardin*, à Corisandre. Il
faut leur en donner les noms, leur en
faire prendre les manières ét le caractère, d'après la lecture que je leur en
ferai, dans le Poème divin de la *Pucelle*;
ét quand les Hommes viendront, vous
donnerez la carte: —Voulez - vous
Dorothée la devote? Jeanne la vigoureuse? Agnès la pudoreuse? ou
Corisandre la naïve-? Vous n'avez pas

d'idée combien cet arrangement singulier vous attirera de Pratiques ! Mais
vous aurez la plûs grande attention, à
ce que non-seulement vos quatre Heroïnes, mais leurs Doublantes, conser-
vent toujours leurs caractères! Car
il faut avoir des Doublantes, & même
des Triplantes, pour les cas de maladie,
ou d'occupation-.

» Nous en sommes-là, aujourd'hui :
Maman a douze Filles, qui portent les
même noms que nous, qui singent nos
caractères, ét qui nous doublent, nous
triplent, ou nous quadruplent : Ce
qui fait que Maman nous peut menager»…. Adieu: La demi-heure est au
moins écoulée-.

Elle s'éloigna, en nous laissant l'a-
dresse de MAD. Yverkop.

¶ Nous n'aurions jamais deviné ces
faits: Où l'Auteur, homme très-repandu, les a-t-il trouvés?

XXIVme FILLE:

JEANNE.

Le lendemain, nous nous rendimes chés la Matrullé aux Heroïnes de la *Pucelle.* C'était le tour de Jeanne: Elle en était prevenue : Elle nous donna la main, ét le chapeau fur l'o-reille, elle vint au Palais-royal avec nous.

» —C'eft ma propre hiftoire que je vous ferai (nous dit-elle intrepidement): Ecoutez-moi.

» Je fuis fille d'un Boucher, ét.... de fa Sœur. Ainfi, vous voyez que je ne pouvais être avouée dans la So-ciété; il falait que je devinffe ce que je fuis.

» Mon Père ét ma Mère étaient reftés orfelins. Ils annoncèrent auffi-tôt le deffein de ne pas fe marier, ét de

vivre

vivre enſemble dans un ſeul établiſſe-
ment. Le monde eſt quelquefois ſi bête !
qu'il n'y eut Perſone qui n'approuvât
ce projet, ét qui n'en louât l'execution :
Cependant, il n'avait pas le ſens-com-
mun : Car, de deux choses l'une ; ou le
Frère ét la Sœur devaient vivre enſemble celibataires, ét alors ils anean-
tiſſaient la maison de leur Père : Ou
ils devaient faire des Enfans ; ét alors
ſe cacher, vivre dans des tranſes conti-
nuelles, ſans pouvoir élever honora-
blement leur Famille. Ce fut ce dernier
parti qu'ils prirent.

Ma Mère était charmante ; mon Père
bel-homme, ét ils ſ'aimaient d'amour
autant que d'amitié.

» Je ſuis l'aînée. On cacha ma
conception, ma naiſſance, mon éducation. J'eus ſucceſſivement deux Sœurs
ét un Frère. Tout cela vit : Mes
Sœurs ſont de mon état, ét notre Frère

eſt Jockei d'un Seigneur. Ce fut en lui donnant le jour, que ma Mère mourut. Notre Père en fut au-deseſpoir... Il ſentit qu'il ne lui ſurvivrait pas. Mais l'envie de nous élever lui fesait chercher de la diſſipation. Il traîna quelques années.

» A ſa mort, j'avais dix ans, ét mon Frère en avait cinq. Mes deux Sœurs étaient de neuf ét huit ans. On ne ſavait qui nous étions : on eut recours au regîtres, ét on ne trouva que des noms ſuppoſés. On ſe douta du vrai. Tous nos Parens Bouchers, qui heritaient de notre bien, nous regardèrent avec horreur. On ne daigna pas même nous mettre à l'hôpital : on nous laiſſa prendre aux Femmes du voisinage, qui ſ'entretenaient de notre origine, comme d'une monſtruoſité. Je tombai entre les mains de Mad. Ployet, la lingère, qui était venue à la vente. Elle me

preferait à mes Sœurs, que prirent des
Femmes - du - monde. Elles font aujourdhui très-jolies , quoique fucées :
L'Une eft le petit Corſet-rouge , que
vous voyez au Palais-royal , une badine
à la main; l'Autre , qui eft grande ét
fluette, comme toutes les Jeunesperfones , a été plûs-heureuse ; elle a trouvé
un Homme qui l'entretient , ét elle l'aime beaucoup ! C'eft le caractère ét la
reffemblance de ma Mère.

» Pour moi, je ne fais de quî je tiens :
Je fuis un Cesar. Dans les commencemens de mon fejour chés une Femme-
du-monde , je fefais, quoique malgré
moi , tout ce qu'exigeaient les Hommes.
Mais devenue plûs forte, il m'arriva
par-hasard de me livrer à mon caractère. Cela me reüffit : Je devins alors
une tigreffe : Je rebutai les Hommes,
je me batis avec eux. Il y en eut qui
trouvèrent cela delicieux. Madame

I ij

alors imagina de nous donner les noms des Heroïnes de la *Pucelle*, qu'elle nous fit lire tous les jours, jufqu'à ce que nous la fuffions par - cœur. Je fus Jeanne. On n'entrait dans mon boudoir, que pour faire affaut, au fleuret, à la lute, à l'adreffe : Mon Homme commençait par payer, ét il m'avait, f'il pouvait me foumettre. Il arrivait de-là, que je renvoyais la plupart du temps mes Amans l'oreille baffe, ét batus. Ils revenaient ordinairement jufqu'à ce qu'ils m'euffent fubjuguée, ét j'en ai vu plûs d'Un n'obtenir la palme, qu'à la quarante ou cinquantième visite.

» Voila où j'en fuis. Mais à-mesure que ma raison fe develope (j'ai dixfept ans), je fens combien mon état eft miserable! Ce que je fais, me va, parceque je fuis jeune, fraîche, affés jolie : mais dans quelques années, Per-

sone ne s'embarrassera de me vaincre.
Alors, reduite au rôle de mes Pareilles, je vegeterai dans la honte ét le
mepris.... Hâ! que j'aurais de reconnaissance pour l'Homme, ou la Femme,
qui me tirerait de ma triste situation-»!

Ce fut ainsi que s'exprima Jeanne.
Nous en fumes si touchés, que nous
resolumes de la presenter à Madame la
Mère, dont le cœur est si bon! Nous
ne doutons pas, que ce recit extraordinaire, que nous alons lui faire lire
sur l'épreuve, ne l'interesse, ét qu'elle
ne deploie sa bienfesance sur Jeanne,
sur ses Sœurs, ét sur son Frère.

NOTA. Nous ne nous sommes pas
trompés : Madame la Mère a été in-
teressée, à la lecture de cette histoire;
elle a voulu voir Jeanne, ét l'air fier de
cette Jeunefille lui a plu. Elle a chargé
deux Artistes, un Musicien, ét un

Maître-des-ballets, de favoir à quoi elle
eſt propre.   On eſpère que c'eſt pour
la danſe.   Madame la Mère eſt dans la
diſpoſition de tout payer, pour former
ſa Protegée, & la faire recevoir dans
un de nos Spectacles.   Mais nous aver-
tiſſons, qu'on n'en previendra pas le
Public.

¶ Nous apprenons que d'avides Col-
porteurs, d'anciens Eſpions-de-police,
&c. inſtruits de l'impreſſion de notre
Ouvrage, veulent nous prevenir, par
une de ces Productions infâmes & ca-
lomnieuses, telles que *le Marechal-des-
logis*, & la *Liſte-des-C....*   Nous n'en-
vions pas leur coupable travail.

XXVme FILLE:

A G N È S.

Ce fut avec le plûs grand empreffe-
ment que Dorothée, inftruite par
Jeanne, fortit avec nous le lendemain.

»—Je vais vous faire l'hiftoire
d'Agnès (me dit-elle). C'eft une
charmante Fille! ét enverité, c'eft un
meurtre qu'elle foit dans une maison
comme la nôtre! Elle eft d'une pudeur... plûs grande que celle d'une
Honnêtefille!... Mais cela eft reel,
ét point-du-tout affecté!... Elle ne fe
bat pas, comme Jeanne : mais quand
on l'a mise avec un Homme, elle
defend tout l'un après l'autre, d'un air
de langueur intereffant, qui remue
l'âme. Auffi, a-t-elle toujours les
mêmes Pratiques, qui font en petit
nombre, mais fidelles.

I iv

» Elle eſt fille d'un Chanoine ét de ſa Nièçe. Le Chanoine vit encore. *Agnès-Noyau*, ſa mère, n'avait pas quinze ans, quand ſon Oncle, gros homme court ét bourgeonné, qui ne ſ'embaraſſa pas trop de la ſéduire, entra dans ſa chambre la nuit, ſe mit dans ſon lit, ét ne l'éveilla que par ſon entreprise. Agnès pleura ; mais cela ne fit rien : L'Oncle revint tant qu'il voulut... La groſſeſſe ſ'étant déclarée, il la mit chés une Sagefemme, où elle reſta quatre mois. L'Oncle avait ordonné de porter Ce-qui-viendrait aux Enfans-trouvés : mais Agnès pria tant, promit tant, qu'on mit ſa Fille en nourrice.

» Après ſon retabliſſement, elle retourna chés ſon Oncle. Elle paya de ſon argent les mois de Nourrice. Elle fut encore violentée. Mais-pour-le-coup, elle declara qu'elle avait conſervé ſa Fille, ét elle ajouta fermement, qu'elle n'accorderait rien, qu'on ne lui promit d'en prendre foin, ét d'un fecond Enfant, f'il en venait. Le Chanoine promit tout, ét Agnès fe donna.

» La pauvre Jeunefille redevint enceinte. Elle ala paffer quatre mois chés la Sagefemme ; elle eut un Fils, ét mourut. Ce Garfon fut mis aux Enfans-trouvés ; ét comme la Fille était deja jolie, le Chanoine hesita fur ce qu'il en ferait. Il paya pour elle jufqu'à l'âge de dix ans, une mediocre fomme : Mais la Nourrice f'en contentait parcequ'elle l'aimait comme fa Fille.

» A l'âge que je viens de vous dire, le Chanoine fit venir Agnès chés lui, ét la mit fervante audeffous d'une jolie Gouvernante qu'il f'était donnée. Cette mechante Fille f'aperçut bientôt que le Chanoine avait de la tendreffe pour Agnès, ét ne fachant pas

I v

ce qu'elle lui était, crut que c'était de l'amour: d'autant-mieux, que le Chanoine appropriait Agnès, ét lui donnait des choses audessus de son état de Servante. Elle en devint si jalouse, qu'elle la voulut empoisonner. Mais ayant manqué son coup, parceque l'Apotiquaire l'avait trompée, ét qu'il l'effraya, en la menaçant, elle prit un autre parti: Elle voulut qu'on mît Agnès en apprentissage pour le linge: Or elle connaissait Mad. Ployet pour ce qu'elle était; ce fut chés elle qu'elle la plaça. Madame trouva la jeune Agnès charmante, ét tâcha de la gâgner. Elle sut son origine par la Gouvernante, qui avait éu l'art d'en tirer l'aveu: Elle en instruisit Agnès, en lui representant, qu'elle n'avait rien à esperer, ni à menager dans le monde. Ce fut par-là qu'elle la rendit *Fille.* Mais Agnès a tant de pudeur naturelle;

qu'elle n'a pu encore devenir effron-
tée.... Si vous pouvez lui rendre fervice, ainfi qu'à moi, vous ferez une
bonne action, Monfieur—»?

»Nous nous fentions difposés à fervir
ces deux Infortunées. Rien n'était plûs
facile, pour Agnès, à ce qu'il nous parut. Au ffi, dès le lendemain, nous
alames chés le Chanoine : Nous lui
fimes un recit exact, qui l'étonna :
Car il ne voyait plus Agnès, depuis
qu'elle était fortie de chés lui : On
l'avait repouffée, lorfqu'elle f'était pre-
fentée, ét la Ployet elle-même fuppri-
mait les lettres, que la Jeunefille pouvait
écrire. Nous convinmes, avec le Chanoine, de ce qu'il y avait à faire pour
fa Fille, qu'il a placée dans une maison
honnête, à-l'infu de fa Gouvernante.

» Quant à Celle-ci, elle a le fort le
plûs-fingulier. C'eft un mauvais-fujet.
Dans l'intention de faire du mal au

Chanoine, s'il lui venait en tête de secouer le joug, elle a cherché son Fils : Elle l'a retrouvé aux Enfans de la *Pitié*, moyennant les renseignemens de la Sagefemme. Ce Garſon, âgé de quinze ans, était très-joli. La mechante Gouvernante en eſt devenue amoureuse. Elle l'a fait venir à la maison canoniale, comme domeſtique, ſous le nom d'un Parent à elle. Le Jeune-garſon, auquel elle avait recommandé le ſecret, ſ'eſt bien comporté. Aubout d'un an, lorſqu'il a eu quitté les manières ignobles des Hôpitaux, la Gouvernante, âgée de vingtſix ans, ét fort belle-femme, a conſtaté ſa naiſſance, comme bâtard, ét ſ'en eſt fait épouſer ſecrettement, c'eſt-à-dire, à-l'inſu du Chanoine. Nous avons decouvert tout-cela, ét nous venons d'en inſtruire l'imprudent Eccleſiaſtique. Son étonnement a été extrème ! Mais il diſſimule, fachant que la mechante *Wal-trin*, fa Gouvernante, eft capable de tout.

»A l'égard de Dorothée, il lui eft arrivé auffi des évènemens : Quiftrin, fon indigne Père, eft mort dans les prisons, où il attendait une condamnation capitale. Nous croyions cet Homme abfolument ruiné, parcequ'il était reellement dans la misère. Mais, quel a été notre joie, à fa mort, il y a huit jours, en trouvant qu'il n'y avait que fes revenus de faisis, à-raison d'une fubftitution à fes Enfans ! Nous avons auffitôt mis la main à l'œuvre, pour deblayer tout-cela ; nous avons fait reconnaître Dorothée à fon Frère, nous-nous fommes arrangés avec le Chanoine, pour donner Agnès au Jeune-Quiftrin. Dans le même temps, la mechante Gouvernante vient de mourir, d'une fuffocation causée par la colère, ét nous alons donner Dorothée au Jeune-veuf. Tel eſt l'heureuse tournure que nous ſommes parvenus à faire prendre aux choses, à-force de ſoins ét d'attentions.

¶ Sans le celibat, imposé trop indifferemment à tous les Ecclesiaſtiques, l'infortuné Chanoine, aurait-il mené une vie coupable, toujours preſſée entre le crime, ét la peine ?.... Hâ ! Concitoyens ! la Motion de l'Abbé-*Cournand* eſt un chefd'œuvre de raison, ét les Sots, les *Ariſtocrates*, peuvent ſeuls la condamner, ou ſ'en-mettre en colère !

XXVIme FILLE:

CORISANDRE.

Avant que je fisse pour Agnès ce qu'on vient de lire, nous eumes un entretien, dans lequel cette aimable Fille nous me fit l'histoire de la Quatrième de ses Compagnes, de cette jeune ét jolie Corisandre, qui n'avait du caractère de sa Patrone, que l'interessante naïveté.

»—Mon aimable Compagne (dit Agnès); (car nous nous aimons tendrement toutes-quatre); est comme honteuse d'exister, à-cause de son origine, qui est pis que la nôtre, à toutes. Elle doit le jour à sa Grand'mère... Une Femme de Province, y avait-eu, pendant l'absence de son Mari, un Fils-adulterin, dont elle accoucha secrettement chés une Sagefemme de la Ville, appelée mad. *Bourgoin*. Elle y laissa son Enfant, qui fut élevé chés la Sagefemme Bourgoin, comme s'il avait été son fils : on l'appelait Cadet, & il portait le nom de la Famille.

» Sa Mère qui demeurait alors à Paris, le manda, quand il eut quinze-ans. C'était un Enfant beau comme l'Amour. La Dame, qui l'avait eu à seize ans, était belle-femme dans toute la force du mot : Cadet Bourgoin (car il conservait ce nom), devint passionnement amoureux de sa Protectrice, qu'il ne connaissait que sous ce titre. Il en était cheri. Enfin, un-jour, qu'il était seul avec elle, il se porta aux attaques les plûs-hardies. La Dame, pour se garantir, ne trouva pas d'autre moyen que de lui declarer sa naissance. Bourgoin, qui volait à la victoire, ne la crut pas ; il regarda ce qu'elle lui disait, comme une adroite supposition, & redoublant de temerité,

consomma son triomphe..... Sa Mère
parut inconsolable. Mais ses larmes
ne persuadèrent pas Cadet-Bourgoin:
Il continua de lui soutenir qu'elle se
trompait... Elle l'aimait si tendrement,
qu'elle s'aveugla. Il ressemblait à son
Père, qu'elle avait passionement aimé:
Cette Infortunée pardonna.....

» C'est-delà qu'est venue Corisandre.—
Sa Mère fut obligée de faire pour elle ,
étant encore mariée , ce qu'elle avait
fait pour son Père. Mais ici le bonheur
ne fut pas le même : Il y eut des dou-
tes. Le Mari fit partir Bourgoin pour
les Iles, decouvrit la petite Fille, sans
pourtant connaître parfaitement son
origine , s'en empara, ét à l'age de onze
ans , la fit livrer à Mad. Yverkop , afin
que deshonorée par la prostitution ,
peutêtre consumée par la debaûche ,
elle ne pût venir se presenter dans sa
Famille.

» Corisandre a su tout-cela, par une Femme-de-chambre de sa Mère, qui avait feint de seconder toutes les mauvaises-intentions du Père-putatif. Elle n'a voulu encore rien declarer à sa Maîtresse, à laquelle le malheureux état de Corisandre, causerait peutêtre la mort. Elle attend celle du Mari, qui est très-âgé. Vous sentez qu'alors le sort de mon Amie pourrait bien changer.

» Corisandre, instruite de son sort, a mis toute son attention à conserver sa pureté, à laquelle on na porté de grandes atteintes, que dans les commencemens de son séjour chés Madame. Mais elle était si jeune, et l'operation fut si peu complette, que le Phenix est comme rené de sa cendre. Nous n'avons rien de caché l'une pour l'autre: nous nous aimons comme sœurs; nous nous secondons dans nos desseins, pour

conſerver notre fraîcheur & notre pudeur, autant qu'il eſt poſſible, dans une
maiſon comme celle-ci. Nous accou-
rons au ſecours de notre Compagne ,
quand elle eſt trop preſſée, & nous
tâchons de ne pas deplaire, en refuſant.
Nous ſavons, qu'en-general les Femmes ſont faites pour les Hommes : Mais
la Femme-honnête ne doit agir que
conformement à la nature : aulieu que
nous nous trouvons obligées , nous-au-
tres, à ſatiſfaire les fantaisies , les caprices. Notre attention eſt de remplir
ce but , ſans nous degrader, ſans avilir
notre ſexe , ſans en degoûter. Et ce
n'eſt pas un art facile ! Nous ſentons
combien il eſt aiſé à une Femme adorée
de tous les Hommes, independante ,
qui n'accorde qu'en feſant grâce, de
conſerver la dignité de notre ſexe ,
& de ſ'élever à une ſorte de divinité:
Mais une Infortunée, qu'on aborde en

payant ſes complaisances, ſon aviliſ-
ſement, ſa degradation, dont on exige
la violation de la nature, en marchan-
dant l'une après l'autre, chaque infamie
à laquelle on la ſoumet, comment fera-
t-elle pour ſe preſerver ? C'eſt pourtant ce que nous avons fait, moi & mes
trois Compagnes, en n'employant jamais autre chose que l'amabilité. Vous
ſavez l'hiſtoire de Jeanne. Quoique
ſpadaſſine, elle n'eſt pas la moins aimable ; elle met de la grâce dans
tout ce qu'elle fait, dans la ſubjection,
comme dans la victoire. Corisandre
emploie la naïveté, elle tâche de toucher
le Plûs-brutal, & de ſ'en rendre maîtreſſe, en paraiſſant lui ceder. Dorothée employait le langage de la ten-
dreſſe ; moi, la pudeur. Nous avons
preſque toujours reüſſi, & le nombre
des Brutaux indomptables a été ſi petit, que nous avons pu les écarter, ſans

nuire beaucoup aux interêts de Ma-
dame-».

Tels furent & l'hiſtoire que nous fit
Agnès, & le diſcours philosophique
qu'elle nous tint.

Nous avons decouvert à Madame ***
le ſort de ſa Fille. Son Mari eſt mort,
dans ces entrefaites, & nous avons
reclamé l'état legal de Corisandre, née
à Paris, d'une Mère vivant ſous le même
toît que ſon Epous. Les Coheritiers
n'ont pas plaidé. Nous nous propo-
sons de donner Corisandre pour femme au Frère de Jeanne ; ſa Mère &
la nôtre ont goûté cette idée ... Que de
biens ferait un Homme puiſſant & bon,
qui penetrerait dans l'interieur de toutes
les Familles !

XXVIIIme FILLE:

CUNEGONDE.

Nous n'avons pas dit affés, dans notre *Preambule*, lorſque nous avons annoncé, qu'une Matrullé, actuellement au Palais-royal, fesait imiter les Femmes-de-qualité par ſes Elèves. Cette Femme va plûs loin : Penetrée depuis long-temps du projet qu'elle execute, nous avons ſu qu'elle *commande*, ét qu'elle *fait - faire* des reſſemblances. C'eſt ce qu'on va voir.

Nous paſſions un-ſoir au Palais-royal, quand nous fumes frappés de la vue d'une Dame que nous avons tendrement aimée. Notre ſurprise fut extrême! car non - ſeulement c'était elle, mais c'était cette belle Perſone, telle que nous l'avons aimée il y a ſept à huit ans, avant qu'elle fût épouse ét mère. Nous volons fur fes pas. Elle fuit devant nous, ét monte un efcalier des Arcades. Nous entrons avec elle dans un appartement fuperbe. Elle paffe dans une pièce du fond, ét une groffe Femme fe prefente. Elle avait l'air commun, bas ét mechant ; fon fourire même ne paraiffait que le raffemblage de toutes les perfidies.

—Nous vous guettons depuis quinze jours, Monfieur le Caufeur avec les Filles ! (nous dit-elle) : Vous voila pris dans nos filets. On dit, que vous faites l'hiftoire des *Filles* du *Palais-royal ?* Vous aliez m'oublier, fi je n'étais venue à votre fecours : Il n'eft pas d'hiftoire plûs intereffante que la mienne, ét celle de mes Filles : Or je fuis bien-aife que l'Europe connaiffe mon talent. *Hoffmann,* mon compatriote, polytipait les caractères d'impreffion : moi, je polytipe les Femmes : Celle que vous venez de voir eſt moûlée ſur Mad. Z*** votre cousine, & pour vos 6 francs, vous alez causer un quart-d'heure avec elle. Pour moi, je vous raconterai mon Hiſtoire gratis.

» Je ſuis fille d'une Comedienne germanicofrançaise. Je ne ſais quel était mon père; mais apparemment ce fut quelque Prince, ou quelque Moucheur-de-chandelles ; car je me trouvai abſolument ſans talent. On ne ſut que faire de moi. Si la nature m'avait donné la beauté, j'aurais pu avoir un Amant : Mais, jeune, ma laideur ſurpaſſait la difformité que vous me voyez; ma figure ſ'eſt adoucie : car vous ſavez, qu'il eſt un point dans la vie, où les Belles & les Laides ſe rencontrent, & où elles ſont égales : Enſuite les Laides deviennent des vieilles de moins-en-moins affreuſes, tandis que les antiques

tiques Beautés font de plûs - en - plûs difformes. Ma Mère me declara donc, qu'elle ne pouvait rien faire de moi, & que le feul parti que j'euffe à prendre, pour voir le grand monde, était de me mettre fervante de Cabaret.

» Je la pris au mot, & je difparus. Tous fes Confrères furent indignés de fa dureté. Il y en avait Un, qui fesait les premiers rôles tragiques : C'était un Homme de cinquante-ans. Lorf-que fon rôle était jeune, il fe rajeunif-fait à - merveille : Quand fon rôle était decrepit, il fe vieilliffait prodi-gieufement. Cet Homme me deterra dans une Auberge, m'en tira, au grand étonnement de mes Maîtres! vu mon extrême laideur, me prit en-affection, me donna des leçons, & me rendit, à-force de foins, un-peu Comedienne, mais dans un feul rôle. Malgré la dureté de ma tête, j'appris ce rôle par-

I Partie.   J

faitement ; c'était celui d'*Alzire*, dans la Tragedie de Voltaire.

» Un-jour, l'Actrice qui devait le faire, eut une colique dangereuse ét longue : c'eſt-à-dire, qu'elle accoucha. On était fort embarraſſé ! Il falait changer la Pièce ; mais on n'avait pas d'Actrice, pour en jouer une-autre. Mon Maître vint me trouver où il me tenait cachée, me fit repeter, m'habilla des habits même de l'Accouchée, me fit grimacer, devant un miroir, les mines de l'Actrice, me fit mettre du rouge comme elle, friser comme elle, parler comme elle, marcher, geſticuler comme elle, ét courut annoncer qu'elle jouerait. Ceux de la Troupe, qui connaiſ- ſaient le genre de ſa maladie, furent très-étonnés !... Mon Maître revint : Il grimaça devant moi ; je fesais comme lui, ét je fus émerveillée de voir que je representais la Demoiselle.

» Je parus fur la fcène. J'entendis de tous-côtés, les cris : —C'eft-elle ! c'eft-elle-! —Ce n'eft pas elle ! Je viens de la voir au lit-! Je parlai. —C'eft-elle ! c'eft-elle-! Et les Plûs-affurés furent reduits au filence. Je fis le rôle , ét l'on m'applaudit.

» Après la pièce, un Prince-allemand, qui avait été amant de ma Mère, entra dans ma loge : —Mademoiselle (me dit-il), vous avez fait illusion à tout le monde : On vous croit Mlle *Singement* l'aînée : mais je viens de la voir au lit : Vous êtes une autre qu'elle, malgré le fentiment du Public : Recevez mes complimens , ét l'offre que je vous fais de ma protection-?

» J'acceptai tout ce que m'offrait le Prince : mais comme je n'avais ni logement, ni garderobe, j'eus recours à mon Maître, qui fut enchanté de mon fuccès. Je fus entretenue par le Prince :

mais il ne me vit jamais que parée.
Malheureusement, on voulut me faire
jouer d'autres rôles !... Je n'en avais
qu'un dans le ventre : Je fus épouvan-
table dans *Zaïre,* malgré les efforts de
mon Maître, pour m'y faire singer
Mlle *Singement* cadette. Je reprenais
à-tout moment le ton furibond de sa
Sœur. Je rendis passablement un rôle
d'Hôtelière, dans un Drame allemand :
Malgré ce leger succès, mon aversion
pour l'étude me rendit si mauvaise Actrice, qu'un-jour, ma Mère, après une
representation de l'*Ecueil-des-mœurs,*
me dit, Que je n'étais bonne qu'à faire
une *Maqua* de Paris.

En fille soumise, je la pris encore au
mot. Le lendemain, je vendis mes nipes,
mes meubles, mes diamans ; j'enfermai
l'argent que j'en tirai dans un petit cof-
fre-de-fer, je repris mes habits de Servante, ét je retournai dans mon Auberge, où

l'on me reprit, fans fe douter du rôle que j'avais joué. J'y attendis une occasion de partir pour la Capitale de la France.

» Perfone ne f'avisa de m'aler chercher-là, ét j'y entendis parler de moi tout à mon aise. Ma Mère, fut alors que c'était moi qui avait été entretenue par le Prince. Elle fit des cris épouvantables ; elle effraya le Prince lui-même, par une decouverte des plûs terribles ! Heureusement que dans le plûs fort de l'effroi, un vieux Moucheur la tira par le bras : —Hé ! là, là, Mademoiselle Cunegonde ! pas tant de bruit ! Ne vous fouvient-il pas que la chose eft aumoins douteuse, ét que vous m'avez auffi accusé de vous avoir fait l'Enfant, pour avoir mes petites épargnes-? Ce mot remit un-peu le Prince, mon Père en-partie.

» Le lendemain de cette fcène, mon Maître f'avisa de venir à mon auberge.

Il m'y retrouva, ét son étonnement fut inexprimable. —Vous avez du caractère! (me dit-il); fuivez vos deftinées ét vos infpirations; elles vous mèneront plûs loin que moi. Il ne fut pas difcret avec l'Hôtelière ma maîtreffe. Celle-ci difait à l'oreille de toutes fes Pratiques, Que j'étais une Actrice celèbre ét fingulière! qui étudiait la nature. Malgré ma laideur, ét mon air fouillon, j'eus beaucoup d'emploi!... au-point que je ne pouvais y fuffire. Les ducats pleuvaient, fans que je me doutaffe de ce qui me les attirait... L'heureux temps!.. Mais rien de ftable, en ce monde. *J'en fus attaquée : ce l'était!..* Je fentis que c'était le moment d'aler à Paris, pour me faire guerir. Le Docteur *Guilbert-de-Preval* opera cette cure honorable. Je lui contai mon hiftoire, qui le fit bien rire. Il me donna la connaiffance de Mad. Janus, que vous connaîtrez un-jour, ét celle de Mad. *Gourdan*, ſa celèbre voisine. Cette Dernière me forma dans ſon art, ét je me ſentis en état, non-ſeulement de l'égaler, mais de la ſurpaſſer.

» Dès que Mad. Gourdan fut morte, ét que j'eus ſon fond, je ſongeai à exercer mon art, d'une manière nouvelle, ét ſuperieure à tout ce qui ſ'eſt vu dans Athènes, ſous Periclès ; à Rome, ſous Neron, ét dans la Capitale des Français, ſous Louis-XIV. Pour cela, j'écrivis à mon Maître, que ſon âge forçait à la retraite du theatre. Il accourut auprès de moi. Je le priai de me donner des leçons de *phisionomimie* (c'eſt le nom qu'il donnait à ſa ſcience), ét d'y former mes Filles. Je lui devoîlai mon plan, qui était de vendre aux Amans l'Image vivante de leurs Maîtreſſes; à certaines Gens l'effigie des plûs grandes ét des plûs belles Dames de la

J iv

Cour ; aux Amans furvivans , la resur-
rection de leurs Belles ; ét de me faire
ainfi un revenu confiderable. Je l'affociai
pour un quart dans mon profit. *Garric-
keit* (c'eft fon nom-de-guerre), f'acquita
de fa partie avec une de verité , une
énergie , qui nous rendit très-habiles ,
mes Filles ét moi... Voici comme
j'ai operé pour vous ; ce que je vais
dire , vous donnera une idée complette
de ma manière.

» Ayant appris quî vous étiez, ét ce
que vous fesiez au Palais-royal , tous
les foirs , je fus curieuse de vous avoir
pour hiftoriographe, autant que pour
prôneur. En-confequence , ayant fu
que vous aviez-eu pour Domeftiq un
Allemand , nommé *Kofman* , je le fis
chercher : On le trouva au château de
Bicêtre , à la force , où fa bonne conduite envers vous ét le Public l'avaient
fait mettre. Je le tirai de là , ét je le

pris à mon fervice. Je le queftionnai
fur vos inclinations. Il me parla
beaucoup d'une certaine Dame de L'Oi-
son: mais je ne crus pas qu'une *Fille*
de cette efpèce eût confervé fur vous
un grand empire. Enfin, à-force de
queftions, je decouvris que vous aviez
aimé une Coufine charmante, qu'on
avait enlevée à votre amour, en la
mariant. Je la fis chercher : on la
trouva très-aisement. Je lui fis voler
un tableau, fon portrait, à l'âge de
dixneuf ans. Je comparai fes traits
d'alors à ceux d'a-present, ét j'en fis
un compofé reffemblant, qu'on fculpta :
Un-jour , qu'elle alait à *Chatou* , je
fis arrêter la voiture ; deux Hommes
fe presentèrent à la Dame, en la priant
de ne pas f'effrayer, ét lui appliquè-
rent fur le visage une pâte, qu'ils y
laiffèrent quelques minutes. Ils l'ôtè-
rent enfuite, avec precaution, ét me

l'apportèrent encore molle. On la rectifia fur la fculpture. Cette pâ-fe durcit toujours : Dès qu'elle l'eft fuffifamment, pour ne plus mollir, on l'applique fur le visage d'une Fille, choisie de la même chevelure que Celle qu'on veut imiter, ét on la lie forte-ment. Auffitôt le Maître ou la Maî-treffe de phisionomimie f'exerce à lui faire imiter la manière, l'air de la Per-fone calquée, en lui fesant les mines, ét lui montrant la manière de contrac-ter les fibres du visage. On a, aupa-ravant, exercé la Jeunefille, car il faut la prendre de quatorze ans au plûs, ét vierge exacte ; c'eft-à-dire, qui n'ait jamais éprouvé la première crife ; il ne faut pas même qu'elle foit encore nubile. On la fait ainfi travailler pendant plusieurs mois, en la forçant d'éprouver 8 à 10 fois le jour toutes les paffions violentes, comme le rire

extrême, la colère, la douleur avec
larmes, &c.   On-ne lui ôte le masque,
qui a la bouche, les narines ét les ieux
percés, que lorsqu'il ne la gêne plus
depuis quelque-temps, quelque mouvement qu'elle fasse, ét la ressemblance
est frappante, surtout si l'on s'aide de
l'art de la phisionomimie.   La Fille
remet son masque toutes les nuits, pour
rectifier les traits, qui pourraient s'al-
terer en dormant.

» Voila, Monsieur, ét mon histoire,
ét mon art.   Tout-à-l'heure, vous alez
en admirer les effets, avec ma jolie
Gertrude.

» Mon Maître est mort depuis quelque-temps.   Mais je possède parfaitement son secret, qu'il m'a laissé, ainsi
que sa fortune.

» Il ne faut pas que j'omette de vous
dire, la manière dont j'ai le *calqué* des
grandes Dames, que je veux vendre

en effigie à leurs Adorateurs secrets, trop éloigné d'elles, ainsi que des belles Tigresses, inflexibles aux soupirs, inaccessibles aux presens, &c. Je gâgne une Femme-de-chambre: On persuade à la Dame de se mettre une pâte sur le visage, pour se conserver fraîche : c'est la mienne. On l'ôte au bout d'un quart-d'heure, parceque la Dame se trouve gênée, et l'on en remet une autre. Cela fait, on m'apporte la pâte, encore ductible ; je la fais adoucir sur une sculpture en plâtre, que je me suis procurée, et qu'on a faite d'après un *calque* precedent. Le chois du Sujet demande de l'attention! car il faut la même couleur de cheveux, de sourcils; la même tâille, la même gorge à-peu-près, la même jambe, et le même pied.

» Ce qui va vous étonner, c'est que j'ai à-present une *generofacture* de Filles. Je choisis deux Etres bien conftitués, fains, non blâsés: Je les enferme dans une chambre fur le derrière, où ils n'ont vue que fur un mur ét un petit jardin. Dans la chambre font le portrait ét la fculpture de la Dame à imiter ; fur le mur, fon portrait eft repeté ; la ftatue du petit jardin la represente. On me fait un mafque reffemblant pour les voir ét leur parler. Ils font un Enfant. On éloigne l'Homme, dès que la Femme eft groffe. On calque en racourci fur la ftatue, ét l'on mafque avec ce calque, l'Enfant dès qu'il eft né. J'ai deja obtenu de prodigieus effets de cette methode : vous en verrez des échantillons.... A-present, vous alez entretenir Gertrude, ou vous reviendrez demain-».

Nous repondîmes à Mad. Cunegonde, que la foirée était trop avancée, ét que nous reviendrions le jour fuivant.

—

XXIX.me FILLE:

GERTRUDE.

Nous accourumes le lendemain au *Palais-Royal...* Hélas ! nous ignorions le sort qui nous y attendait ! Nous ne nous doutions pas que le charme d'un premier amour devait s'y renouveler, ét que nous devions y ceder à une illusion connue!

Nous traverfames les alées du Jardin. Jamais les Filles n'avaient été si jolies: Il femblait qu'un charme était repandu fur toute la Nature. Nous avancions, ét nous étions près d'arriver, quand une Jeune-beauté nous aborda. C'était Gertrude.

—Maman, Mad. Cunegonde m'a dit de vous attendre : J'étais à la croisée: Je fuis defcendue audevant de vous-. Nous crumes entendre la voix

cherie de Celle que nous adorames,
dans des temps plûs heureux, lorſque
la main du Deſpotiſme ne ſ'était pas
encore appesantie ſur nous. Gertrude
marcha, ét nous crumes voir marcher
le touchant Objet de notre premier-
amour... Arrivé dans l'appartement,
elle nous fit tomber ſur le même ſofa,
où elle venait de ſe jeter, ét nous tint
ce diſcours :

—O-Cher Cousin! on veut me ravir
à ton amour! On veut que je donne
à Un-autre ma main ét ma Perſone!...
Hâ! plutôt mourir! (Nous étions dans
l'enchantement; c'était la belle, la jolie, la delicate, la raviſſante, la provoquante Gertrude d'autrefois! nous
n'eumes pas la force de l'interrompre.
—Non, jamais Un-autre que toi n'aura
mon cœur! un ſentiment trop tendre
m'attache à mon Cousin!... Viens,
viens cueillir la rose, reservée, culti-
vée pour toi-ſeul-!

Elle nous attira dans fes bras: Le charme était tout-puiffant : c'était Gertrude, à feize ans, lorfqu'à feize ans nous brûlions pour elle!... L'ivreffe était infurmontable. Nous cherchames la volupté ; nous la trouvames, avec tous fes acceffoires, &t nous entrames, parla voie la plûs étroite, dans le temple du bonheur...... Même après l'illusion, le charme durait encore (*)...

»—Il faut mon Ami (dit alors Gertrude), que tu faches parfaitement qui je fuis : Je diminuerai peutêtre ton illusion, par mon hiftoire, mais il eft neceffaire que tu fentes tout le prix de ce que je t'ai donné.

»—Je fuis reellement ta Cousine; c'eft pourquoi Maman-Cunegonde m'a

---

(*) Nous avons eu envie d'effacer cet alinea : mais c'eût été mentir... Nous le laiffons malgré nous !

choisie: ſon calque, quoiqu'efficace, ne m'a preſque rien donné. J'ai ſeize ans, moins deux mois. En 1775, ton Oncle *** deja veuf, alait ſouvent chés un de ſes Confrères ét de ſes Amis, qui avait pour Fille une jolie petite Blonde de quatorze-ans. Un-jour, il la trouva ſeule. La Petite *Dauvernet* était rieuse; elle l'agaça. Elle était charmante; l'Homme fut ému; il lui ravit, ce que je viens de te donner... Il en fût très-fâché! Cependant, il ſe tranquilisait, quand la Pauvre-petite vint lui reveler ſa groſſeſſe. On employa la plus grande adreſſe à cacher ſon état; on la fit accoucher par la *Saniez*, ſagefemme qui demeure encore rue Montmartre vis-à-vis l'Egoût, ét le Père ne ſut rien de cet accident.

L'Enfant, qui eſt moi, fut mise en nourrice. La jeune Maman acheva de ſe former, ét on la maria pour fille, à-dixhuit ans.

» Mon Père prit foin de moi, ét il m'aimait d'autant plûs, que je reffem-blais à fa Fille cherie. Je fus mise en apprentiffage de modes chés Mad. Monclar, au coin de la rue de-*Grenelle-Sainthonoré.* C'eft-là, que Maman Cunegonde m'a decouverte, ét d'où elle m'a retirée, pour me deftiner à vos plaifirs. Depuis que je fuis chés elle, cette Bienfaitrice ne f'eft occupée que du foin de me faire reffembler davan-tage à ma fœur Gertrude, dont on m'a-vait donné le nom. Je n'ai-vu aucun Homme; vous étes le feul, ét vous avez dû vous en apercevoir; car on m'a dit que les Connaiffeurs n'y étaient jamais trompés-...

» Voila toute mon hiftoire: le de-noûment eft entre vos mains... Affu-rez-vous auparavant, que je fuis votre cousine; tâchez que j'approche mon ado-rable Sœur, ét notre familiarité aug-mentera mon peu de merite-» ?

Nous fumes enchantés de ce que Gertrude venait de nous apprendre *!* Les jours fuivans, nous nous informames : Tout fut confirmé ; puifque notre Oncle a reconnu fa Fille-naturelle, qu'il a même presentée à fa Mère, avec toutes les precautions convenables ...... Mais notre âme eft dechirée de douleur, quand nous penfons qu'elle eft fans naiffance, ét que nous ne pouvons plus jamais aimer qu'elle !..,.

On verra le denoûment, dans le courant de ces Hiftoires.

XXX.me FILLE:

ISABELLE.

Tout-occupé de Gertrude, nous n'en étions pas moins curieux de favoir l'hiftoire de fes principales Compagnes. A la feconde visite que nous lui rendimes, comme il était arrêté qu'elle ferait à nous, elle jouiffait d'une entière liberté. Une de fes Compagnes, la plûs aimée de toutes, vint l'en féliciter.

Nous fumes éblouis, en la voyant entrer. C'était une Reine, pour l'air, les manières, la beauté. Elle avait la chevelure dorée la plûs touffue; une éblouiffante blancheur, & une tâille celefte.

—Mon Cousin, nous dit Gertrude, j'ai prié *Isabelle* de venir nous faire fon intereffante hiftoire: Car il ne faut pas que je m'occupe tellement de moi, que je neglige ce qui peut vous faire plaisir-. Nous dimes à la charmante Isabelle, que nous étions prêts à l'entendre.

—Maman Cunegonde (dit Celle-ci), fonde fur moi les plûs belles efperances. Elle m'a choisie dès l'âge de huit ans, telle qu'il la lui falait, & elle m'a calquée avec la plus grande exactitude. Je n'ai pas encore été employée (comme dit Maman); mais je lui ai deja produit beaucoup d'argent, feulement pour être montrée à certaines Perfones ; à-peu-près comme les Figures en cire de *Curtius.* Il faut que je vous compte cela ; Si vous n'aimez mieux que je commence par mon origine ?

» Je fuis née allemande. Ma Mère que j'ai feule connue, était une belle Blonde, qui m'a toujours dit que j'étais fille du Dnc de *D**-P***. Cela n'y fait rien. Je fus amenée à Paris à l'âge de quatre ans. Ma Mère devint libertine, fut quittée, ét se mit Dame-de-plaisir. Elle ne savait trop que faire de moi. Dabord, elle me menait avec elle aux *Tuileries*, pour qu'on ne l'arrêtât pas le soir. Ce qui n'en empêcha plus, dès qu'elle fut connue des Suisses, qu'elle negligea d'interesser. On l'arrêta; on la mit à l'Hôpital, ét j'alais y être envoyée aussi, pour y être mise au rang des Enfans-de-la-maison, quand je fus aperçue par Maman-Cunegonde. Celle-ci avait de puissantes Protections. Elle m'eut, dès qu'elle en eut temoigné l'envie, ét j'entendis qu'elle disait à sa Cuisinière : —Je ne sais ; mais je crois que cette Enfant sera une mine-d'or-...

» Je fus aussitôt calquée : Ce qui me deplaisait fort, ét me fit pleurer. Maman-Cunegonde me calmait avec des bonbons. Elle me fit apprendre à lire, la musique, à écrire, ét tous les jeux. Voila mon éducation. Je ne parle pas de l'art de la toilette, si naturel aux

Femmes ; Maman - Cunegonde m'a infpiré le goût que vous voyez ; ou je le tiens de la nature.

» Dès que j'ai été grande, ét abfolument formée, Maman-Cunegonde (la feule qui me refte, car je n'ai jamais revu ma Mère), me tint prefque toujours renfermée, ét ne me fesait voir que comme une curiofité. On entrait dans la belle chambre : J'y étais amenée. On f'approchait de moi ; on me fesait aler, venir, troter, danfer, parler, faire la reverence, chanter, fourire, rire aux-éclats : Puis on f'en-alait. D'autres-fois (ét voici le plûs extraordinaire) on me fesait entrer nuë fous un grand bocal , on m'y fesait prendre l'attitude d'une ftatue, ét il falait que je reftaffe ainfi , comme une figure de cire, dont je fesais le rôle, à ce que j'entendis.

» Je ne finirais pas, fi je vous disais

tout ce qu'on me fait-faire, toutes les attitudes qu'on me fait-prendre ! Je fuis auffi marionette. On éleve une forte de theatre, fur le fond de la grande falle ; on met une gazedevant la fcène, ét j'y danfe, comme une Figure mue par un fils-d'archal. Je m'arrête immobile, ét j'entens tout le monde qui dit: —Elle eft parfaitement reffemblante!... —Combien vous coûte cette Figurelà ? —Qui vous l'a faite ? —De-quoi eft-elle ? Maman m'a prevenue, que dans quelques jours , elle me fera parler, comme Marionette - automate : Elle m'exerce à prononcer fept à huit mots , d'une certaine façon : *Bien ! très-bien ! Je fuis contente de vous Monfieur le***-!* Je ne dirai que cela , de cette manière. Puis je refterai parfaitement immobile.... Voila où j'en fuis: car Maman dit, qu'elle ne veut pas *m'employer* encore, afin

de

de conferver pour les Curieux, toute la beauté des formes ».

Nous fumes très-furpris de cette hiftoire d'*Isabelle* ! ét nous nous propofames de faire-en-forte, qu'elle ne fût jamais *employée* au profit de Mad. Cunegonde : Cépendant, comme nous devons beaucoup à cette Femme, nous ne voulons pas la mortifier. Nous ferons pour le mieux.

NOTA. Les Filles de Mad. *Cunegonde* f'appellent, ou f'appelaient, les RESSEMBLEUSES : car on affure, qu'effrayée de la Revolution, cette Dame, ou cette *Artifte* (nom qu'elle affectait), f'eft doucement retirée. Certaines Gens disent qu'elle était ariftocrate. Cela pourrait bien être. Mais elle n'a pas quitté le Royaume.

XXXI.me FILLE:

ROSIÈRE.

Tel est le nom que portait la Troisième des Jeunesfilles, que Cunegonde appelait ses *Chefd'œuvres*. On a vu quelquefois Rosière au *Palais-royal* : mais elle n'y fesait jamais qu'un tour. Elle est blonde, mignone, plûs petite qu'Isabelle, ét plûs jolie que les pastels ; c'est un vrai bijou. Nous étions auprès de Gertrude, qui n'appartenait plus à la Dame Cunegonde, lorsque la jolie Rosière avança son petit néz par la porte entr'ouverte.

—Mon Cousin (nous dit notre jeune Parente), il n'est peutêtre pas prudent de vous procurer un entretien avec une Compagne aussi charmante : mais je veux cependant le faire : car si vous lui resistez, vous me serez fidèle à-jamais.... Entre, mon Amie-?

Rosière accourut auprès de nous, ét vint sans façon se mettre sur les genous de Gertrude, dont son bras droit étreignit la taille deliée.

—Tu veux que je conte mon histoire à ton Cousin. N'est-ce pas, ma jolie Compagne ? —Oui, ma Belle. —Je vais le faire pour toi, ét pour lui, car il est bien aimable, ton Cousin ! —Je t'aurai obligation de ta complaisance, ma Fille-. Rosière se mit entre nous-deux, ét commença, en cessant de grasséyer.

» —Je me nomme *Anna*: Je suis née à Paris, mais je suis fille d'un Suisse du Canton de *Berne*, ét d'une Mère native de *Zurich*. Mon Père avait la porte du Prince de- *, rue *de-Bourbon f.-f.-g*. La Princesse était une des plûs belles Persones qu'on puisse voir.

Elle devint grosse au même temps que ma Mère ; elles accouchèrent le

même jour, ét la Princeſſe ét ma Mère
nourirent Chacune leur Progeniture...
Vous voyez tous-deux que je devais
être jolie étant enfant. Je reſſemble à
la Princeſſe. Mais il n'y avait pas-là
le moindre doute: j'étais bien fille de
ma Mère ét de mon Père, ét jamais
nous n'avions été à-portée d'être
changés, la petite Princeſſe ét moi.

» Nous grandimes un-peu: A huit
ans, un-jour qu'on m'avait fait monter,
pour amuser la petite Princeſſe, le
Père ét la Mère étaient auprès d'une
table, ét nous regardaient. J'oubliais
de vous dire, que *Frederique-Eleonore
de-S**, était fort laide, ét un-peu mechante. En jouant, elle me pinçait,
me maltraitait, me disait que j'étais une
Fille de baſſe-naiſſance, qu'on ne fesait
monter que pour l'amuser. Je crois
que c'était une Femme-de-chambre,
dont je n'étais pas aimée, qui lui inf-

pirait ces odieux fentimens. Si je m'amusais, dans nos jeux communs, elle me disait : —Il te convient bien, petite *Gaûpe*, de prendre du plaisir ? Tu n'es faite que pour m'en donner-.

» Le Prince ét la Princeffe étaient bons, ét ils entendaient tout-cela. Ils fe regardaient ét foupiraient, en fe preffant la main : car ils f'aimaient tendrement. Cependant ils fe taisaient. En continuant de nous amuser, nous vinmes devant une glaffe, où nous nous regardâmes. Là Jeune-Princeffe, âgée de huit ans, me dit, en nous montrant. —Tu crois peutêtre, vile Roturière, fille de Domeftiques, que c'eft toi, cela ? Noh ; me voila-(montrant mon Image); ét c'eft toi que voila- (fe montrant elle-même). Croyant lui faire ma cour, j'en convins, contre l'évidence. —Hâ! orgueilleuse Servante ! (me dit alors Frederique-Eleonore), tu te crois donc bien jolie, que tu me donnes ta vilaine et baffe figure! Non, non, ce n'eft pas moi, cette Coquine-là, qui a l'air d'une Catin (ceci voulait dire feulement *poupée*, dans notre langaje): Me voila, moi (fe montrant): Regarde cet air noble! Je ne ferai pas comme toi, faite pour l'amusement des Hommes ; c'eft moi qui les dominerai, fans léur plaire, comme il convient à mon rang-!

» Je m'aperçus ici, que le Prince ét la Princeffe donnaient les plûs grandes marques d'étonnement !... Mais voila que tout-à-coup Frederique-Eleonore prit fur la petite table, un canif, ét vint à moi, en me difant : —Cependant, comme tu es orgueilleufe de ta fote figure, je veux te cicatriser, ét te crever un de ces vilains ieux, que tu as-. Et elle s'élança fur moi. Je previns le coup, ét je m'enfuis entre le

Prince ét la Princeſſe, qui ſe levèrent effrayés. Ils reprimandèrent leur Fille, ét j'entendis, qu'ils ſe proposaient de l'épier, ainſi que ſa Gouvernante, pour ſavoir, ſi Celle-ci donnait à ſon Elève de pareils ſentimens, où ſ'ils étaient l'effet d'un naturel pervers. On mè renvoya chés mes Parens, avec defenſe de revenir à l'appartement, ét de parler à la petite Princeſſe, que par leurs ordres. On fit appeler ma Mère, pour lui intimer cette defenſe... En me regardant aler, le Prince ét la Princeſſe pleurèrent.

» J'ai ſu depuis, qu'ils avaient épié la Gouvernante, quand elle était auprès de leur Fille, ét qu'ils ſ'étaient convaincus, qu'elle entretenait les mauvaises diſpositions de ſon Elève, à mon égard. Quelle en était la raison ?.... Ils la chaſſèrent, ét en prirent Une-autre.

» La nouvelle Gouvernante me fit au - contraire beaucoup d'amitiés, ét j'étais prefque tous les jours avec les Princeffes , Mère ét Fille. Nous avions neuf ans. J'étais devenue fi chère à la Première, qu'elle ne pou-vait plus fe paffer de moi. Bien-plûs, fouvent, elle ét fon Mari, m'arrosaient de larmes , dont je ne concevais pas la cause. Obfervez que j'étais reffemblante à la Princeffe, ét même à fon Epoux, ét que la petite Princeffe avait beaucoup de traits de la mechante Gouvernante renvoyée. Tout-cela était incompre-henfible. Mais j'étais reftée auprès de ma Mère après ma naiffance, fans la quitter, ét la Princeffe auprès de la fienne, fans qu'il y eût eu un feul mo-ment d'intervale , ni d'abfence. Je croiffais heureuse, cherie : J'embel-liffais, à ce qu'on disait, ét à ce que vous pouvez voir, quand il m'arriva un grand malheur !

» Un-jour que j'étais fortie, pour aler jufqu'à la rue *Daufine*, je fus environnée près celle d'*Anjou*, enlevée ét jetée dans une maison à-porte-cochère, tout-à l'entrée de cette dernière rue. Je fus mise dans une chambre, avec une autre petite ét jolie Perfone de mon âge : C'eft Polhimnie, notre compagne. Là, on nous traita toutes-deux affés bien. Polhimnie y était depuis huit jours. Elle arrivait d'un Village, où elle avait été élevée, comme la Fille des Paysans. Mais ces Gens, en la remettant à une Femme qui la redemanda, declarèrent affés durement, à la Petite, qu'un bruit, qu'ils lui avaient toujours nié, qu'elle n'était pas leur fille, était vrai, ét qu'ils la remettaient à fa veritable Mère. Polhimnie pleura beaucoup ! mais il falut fuivre la Femme de **Paris**. Nous avions alors treize à quatorze ans.

K v

» La Maîtreſſe de la maison où nous étions, ſe donnait pour Marchande-de-modes. Mais, dans la realité, c'était une Femme comme Maman-Cunegonde, ét beaucoup moins bonne : Elle ſe nomme Mad. *Liébaut.* Dès le lende-main de mon entrée, on introduiſit miſterieuſement auprès de moi, un eſ-pèce d'Abbé, qui avait l'air ardent ét caffard. On fit ſortir Polhimnie, ét je reſtai ſeule avec cet Homme, qui me regarda beaucoup! Il parut ſ'at-tendrir, ét il repetait ſouvent, —Quel dommage-! Il prit quelques libertés, que je fus obligée de ſouffrir, me re-commanda de crier, ét en ſortant, me dit : —Je tâcherai de vous tirer d'avec cette Malheureuſe! Msis ſi elle vous demande ce que j'ai fait, pleurez, ét ne lui repondez-pas. Il ne ſera jamais dit, que je vous ai plongée dans l'abi-me ; Mais qu'on le croye-.... En me

debattant, j'avais faigné du néz. L'Homme ajouta :   —C'eft une heureuse cir-
conftance-! Et fans m'en dire la raison ,
il m'obligea de porter du fang avec mon
mouchoir , ailleurs qu'au visage...... Il
fortit enfuite , en me promettant fon
fecours , ét en me recommandant de
paraître bien desolée. J'étais fi contente de fes procedés , que je lui obeïs
aveuglement.

» Après fa fortie, la Liébaut accourut auprès de moi , ét je vis avec furprise , qu'elle f'affurait du fang repandu !
—Bon-! (dit-elle , en fe parlant à elle-
même).

» Quelques jours après , le même
Homme revint. Ce fut moi qu'on fit
fortir , ét Polhimnie demeura. Il tint
avec elle la même conduite , à ce que
j'ai fu depuis

» Dès le lendemain , nous entendimes beaucoup de bruit dans la maison ;

K vj

Nous tremblames de tout notre corps. La Liébaut ét d'autres Femmes criaient avec elle : on les emmena, ét nous les vimes fortir, fans être aperçues des Gardes. On ne nous avait pas trouvées, parceque nous étions dans une chambre, percée dans une autre maison, ét que la Liébaut n'avait pas voulu parler de nous.

» Une heure après, nous entendimes ouvrir notre porte (car nous étions enfermées), ét le gros Abbé parut. Il nous emmena.

» Je lui demandai à être conduite à l'hôtel de-S^t: Mais il me repondit, Qu'il falait agir avec précaution, pour convaincre la Liébaut. Polhimnie, qui fe croyait la Fille de cette Femme, me demanda, fi je la voulais abandonner feule ? J'avais deja pris une amitié fi vive pour cette Jeunefille, que je me jetai à fon cou, en lui disant : —Jamais! jamais! Et si elle est ta mère, comme je le crois, je ne dirai, que ce que tu voudras-.... L'Abbé nous amena dans cette maison.

» Je m'y suis trouvée, moi quatrième, avec Gertrude, Isabelle, ét ma première Compagne. On m'y a fait-faire mon rôle, que je vais vous dire. Les discours de l'Abbé, mon bienfaiteur & celui de Polhimnie, ceux de Maman-Cunegonde surtout, levèrent mes scrupules: On me fit envisager une vie heureuse, avec quatre Compagnes cheries, ét je me suis laissée gâgner.... Voila mon histoire, ét voici mon emploi.

» Tous les jours on m'habille d'une certaine façon, avec un grand panier; on me fait aler dans un bel appartement, ici à-côté: J'y represente pendant une, deux, ét quelquefois trois heures, avec beaucoup de dignité, devant des Gens qui me traitent avec de grands égards : C'est l'Abbé qui est l'âme de tout-cela. On m'adeja mariée deux-fois, sans que je sache pourquoi, ni avec quî. Les noms sont singuliers. On a employé la ruse, pour que je ne couchasse pas avec mes Maris, dont l'Abbé m'a dit que le Premier était mort. Le Second est actuellement malade, sans-doute, parce-qu'on m'en veut donner un Troisième. L'Abbé seul avec Maman, peut expliquer tout-cela. Je preside aussi à une table de jeu : On m'a mise au-fait. Ma vie est très-agreable»...

Mais il est tard ! Voila bien du temps que je suspens le tête-à-tête de deux tendres Amans ! Je vais m'habiller, & passer une partie de la nuit au jeu-.

Elle nous quitta. Nous demandames à Gertrude, Si elle était-au-fait de quelque-chose ? —Non ! (repondit-elle) ; tout eſt ſecret pour nous :   Ce que je ſais neanmoins, c'eſt que Roſière, ainſi nommée par Maman-Cunegonde, pour indiquer qu'elle a toujours ſa roſe, fait ſon rôle, comme nous le nôtre.   Mais Polhimnie eſt plûs inſtruite de ce qui la regarde, ét demain, vous ſaurez d'elle une infinité de choſes intereſſantes ét curieuſes–.

Nous embraſſames l'adorable Gertrude, ét nous retournames à la maiſon-paternelle.

L'Editeur. Hâ! que de choſes arrivaient dans Paris, dont je ne me doutais pas, moi, qui en ſavais tant !.... Mais M. Aquilin - des - Eſcopettes eſt bien plûs repandu que moi !... Le temps eſt arrivé, ou les mœurs ſeront pures, ét moins miſterieuſes !

XXXII.me FILLE:

POLHIMNIE.

C'était avec cette ravissante Persone, que nous devions avoir tous les éclaircissemens, ou dumoins le denoûment de toutes les avantures des quatre Jeunesfilles, pour lesquelles le recit de Rosière a dû inspirer de la curiosité. Nous avions deja, dans la journée, retiré notre Cousine de chés la Dame Cunegonde; ét, par un effet du tendre attachement, autrefois ressenti pour la Femme celeste à laquelle la Jeunefille ressemblait; par une suite d'un premier amour, inspiré par une Parente, dont le sang si pur ét si beau coulait dans les veines de Gertrude, nous la devions épouser. Nous ne trouvames à la maison, qu'Isabelle ét Rosière.

Dès que cette Dernière nous aperçut, elle vint à nous avec vivacité.

—Je ne fais (nous dit-elle), mais il y a bien du trouble! La Liébaut, de la rue d'Anjou - Daufine, est fortie de l'Hôpital, par un effet de la Revolution. Elle vient de paraître : Elle reclame Polhimnie comme fa fille. Mais notre Jeune-compagne fent un éloignement pour elle, qui la perfuade que cette Femme eft une imposteuse-. Nous écoutames ce difcours avec interêt, & comme l'hiftoire de Rosière nous avait deja fait naître des foupçons vagues, nous resolumes de tout examiner.

La Liébaut venait de fortir: Rosière nous confeilla de causer avec Polhimnie, en l'attendant. Elle appela cette Jolie-perfone, qui f'était cachée de la Liébaut, elle emmena Isabelle, & nous laiffa feuls.

—Monfieur (nous dit Polhimnie), vous favez une partie de mon hiftoire, par ma Compagne cherie : Voici les choses qn'elles vous a tues.

„ Je ne fais de quî je fuis fille. Tout dit que c'eft de la Liébaut , excepté mon cœur. Je me crois plutôt fille-naturelle de la Femme-de-chambre de la Princeffe de * , la même qui haïffait tant Rofière : Vous favez que j'étais elevée à la campagne , fous le nom de Fille de mon Nourricier ét de ma Nourrice : mais quoique ces Gens m'appelaffent leur Fille, je m'apercevais qu'ils riaient toujours un-peu, en me donnant ce nom. Enfin, une nuit, je les entendis, qui fe disaient : —On a biau-faire ! alle eft toujou's d'moiselle ! Ç'que c'eft pourtant ! la Ville donne ç't air-là, pifqu'a' n'eft qu' la Fille d'eune Femme-de-chambe-! J'entendis cela en fommeillant. Souvent auffi , dans nos jeux, mes pretendus Frères ét Sœurs , m'appelaient, *petite Bâtarde, Demoisillon, qui ferait un-jour Toupie !* ét ils me tenaient encore d'autres propos. Je

ne fus donc pas abfolument furprise,
quand on vint me chercher.

„ Quand je fus arrivée à la Ville , ét
enfermée, rue d'Anjou, la Liébaut me dit,
qu'elle-feule connaiffait ma Mère: mais
elle ne me dit pas , que je fuffe fa fille.
Lorfqu'au bout de plûs de quinze jours ,
on introduifit auprès de moi le même
Abbé, auquel on avait vendu Rosière
(car j'avais entendu le marché) , je lui
dis ce que je favais , ét que je ne doutais pas qu'il n'eût acheté le droit de
me faire ce qu'il voudrait.   Je me mis
à fa merci, en ajoûtant , qùe je lui aurais bien de l'obligation, f'il voulait me
tirer de chés cette vilaine Femme, qui
me tenait emprisonnée dans une petite
chambre obfcure au premier , donnant
fur une cour puante.   L'Abbé fut touché de ma naïveté. Il me repondit ces
propres paroles: —Ma Fille ,'je fuis
très-porté pour les Femmes, que j'aime

passionnement : mais je sais m'attacher à elles par d'autres motifs que ceux de l'amour ét du plaisir. Vous m'inspirez de la pitié, votre petite Compagne ét vous, ét c'est par la pitié que je vais vous aimer. Je ne suis pas assés puissant pour vous faire un sort. Mais je puis ameliorer le vôtre , en vous donnant à une Femme-de-genie, dans son état; qui, vu la beauté dont vous êtes douée, fera de vous un usage , qui vous preservera des suites de la debaûche, en vous laissant ouverte une porte, pour retourner à l'honnêteté parfaite. Tenez-vous prête, à tout évènement, ét quelque chose que vous entendiez, votre Compagne ét vous, ne parlez, ni ne criez ! Je lui promis de me conformer à ses ordres.

» Le lendemain, il fit enlever Mad. Liébaut, ét il nous emmena. Rosière indiquait l'endroit où elle voulait qu'il la conduisît; mais le peril commun nous avait deja tellement liées, qu'elle ne put resister à la prière que je lui fis de ne pas me laisser. Elle est donc restée avec moi, cette tendre Amie, & elle s'expose à tout, pour ne pas me quitter, elle qui pourrait aler chés ses Parens, qu'elle connaît. C'est une obligation que je lui aurai toujours, & que mon cœur sentira vivement, tant qu'il battra dans ma poitrine.

»Vous savez quels sont les emplois de mes Compagnes : Une éternelle reconnaissance que nous devrons à Maman-Cunegonde, c'est de nous conserver notre vertu, à toutes-quatre, en nous fesant gâgner beaucoup d'argent. Car Maman compte avec nous tous les mois, & elle nous rend raison de tout. Gertrude, votre amie, a deja 3600 liv. de rentes; Isabelle plûs de

mille écus ; moi 2500, ét Rosière
6-mille francs. Maman nous dit : —Je
vous laifferai vos maîtreffes, ét vierges à
vingtun ans : amaffez du bien pour vivre
filles honnêtes, ou vous marier-... Jugez
comme nous la devons aimer !... Auffi,
Rosière me dit quelquefois , —Je fuis
venue ici pour toi-feule ; mais j'y refte
pour toi, ét pour Maman-Cunegonde.
Je ne fuis pas riche ; puifque je ne fuis
que la fille du Suiffe du Prince de *, ét
j'aurai le plaisir, fans avoir perdu mon
honneur, de retourner auprès de mes
Père ét Mère à vingtun ans, avec de
quoi vivre ; mais c'eft à toi que je le
devrai : Je ne ferais pas reftée deux
heures ici, fans toi-. Voila pour notre
fituation d'interét, à toutes, ét nos
difpositions, relatives, à mes Compagnes ét à moi.   Refte mon emploi.

» Il eft fingulier , ét ne reffemble ni
à celui de votre Gertrude , ni à celui

d'Isabelle, ni à celui de Rosière. Auffi, je fuis la moins fatiguée, la moins em-ployée.... Tenez, voyez-vous ce trou rond, que boûche un medaillon ?.... Hé-bien, je monte fur le premier de ces gradins, ét je ne montre qu'une partie de mon corps à-la-fois : Le vi-sage, par-exemple. On fonne, ét je commence mon exercice. Je refte le visage à ce trou, comme l'Acteur dans le *Tableau-parlant*: On fonne; je mon-te fur le fecond gradin, ét l'on **voit** mon cou : On fonne; je monte fur le troisième, ét l'on voit ma gorge : Je monte fur le quatrième, ét je me re-tourne : puis fur le cinquième encore retournée : Sur le fixième, en reprenant ma première fituation : On fonne ; je refte fur le même gradin, mais je me retourne. On fonne, ét je monte fur le feptième, où je me retourne à un feul coup de fonnette : Enfin, je montre mes pieds... Je recommence habillée ce que j'ai fait nue, ét la scène est finie.

» Voila tout ce que je fais ici. Quelquefois la seance est fort longue ! ét avec un seul coup de sonnette, on me fait retourner de tous les sens, sur le même gradin : car pour monter à un autre, on sonne trois coups distincts. Je ne vois jamais Persone, que Maman, encore pas toujours-».

Nous fumes très-surpris de ce que Polhimnie venait de nous raconter !

Nous lui demandames la permission de faire des informations, sur ce qu'était devenue la mechante Femme-de-chambre, qu'elle croyait sa mère ? Elle y consentit, ét nous alions sortir, lorsque nous vimes arriver la Liébaut, avec l'Abbé. Ils se querellaient vivement ! La Liébaut traitait l'Abbé de mangon, d'escroq , de chevalier - d'industrie !

L'Abbé

l'Abbé lui repondit , devant nous :
—Madame Liébaut, tout ce que vous
dites de moi , peutêtre faus , ét peutêtre vrai. Mais nous favons de vous
des verités certaines, qui ne tendent à
rien moins , qu'à vous faire paffer le
refte de vos jours entre quatre murail-
les , au pain ét à l'eau , ou à vous
faire expirer à la Place-d'armes. —Je
te defie de me rien citer , gueux !
—Gueuse ! n'ayez pas le verbe fi haut !
car je vous confondrais-!

Aux cris que pouffaient les Co-dif-
putans , tout le monde accourut; c'eft-
à-dire Mad. Cunegonde , Isabelle ét
Rosière.

—Madame ! (dit l'Abbé à la Fille de
l'Actrice allemande , ét en partie du
Prince de-**), cette Creature, cette
Furie, cette Malheureuse eft la femme-
de-chambre de la Princeffe de-* : Elle
avait pour Amant un C—in vigou-

reux, qui lui fit un Enfant: Elle accoucha trois jours avant fa Maîtreffe, très-fecrettement: ét comme elle était forte, elle avait relevé le jour que la Princeffe mit fa Fille au monde: Elle la changea, par un tour-de-paffe-paffé, fi fubtil, que la petite Princeffe ne parut pas avoir quitté fa Mère. Voici la vraie Princeffe; c'eft Polhimnie, qu'elle mit fecrettement à la campagne, comme vous le favez toutes ; ét la pretendue Princeffe, laide comme cette Femme, ét comme le gros C— in fon Père, a été fubftituée au veritable fang des S^* ét des W^{***}. Voila un de fes crimes. Mais ne croyez pas que la tendreffe maternelle l'y ait determinée! non! non! C'eft la mechanceté de fon cœur. Un an auparavant, la Princeffe de—* avait mis au monde une Fille: La Portière étaie également accouchée d'une Fille: Celle-ci mourut, ét la cruelle Liébaut, qui s'appelait alors *Brunichilde*, eut l'art de donner la Morte à la Princeffe, ét la Vivante à la Portière : Voila les deux charmantes Perfones ; Rosière ét Polhimnie, font les deux fœurs, ét deux princeffes, que nous alons rendre aujourdhui à leurs Parens. Mais vous fentez, tous (car je parle auffi à vous, monfieur), combien il eft important de garder le fecret-!

La Liébaut était furieuse ét confuse : Elle ne chercha plus qu'à f'échapper, ét elle y reüffit. Comme on craignit quelque nouvelle trame de fa part, on fe hâta de remener les deux Princeffes chés leurs Parens. Nous les accompagnames, à la prière de l'Abbé lui-même.

Nous trouvames le Prince ét la Princeffe dans la douleur. La fauffe Frederique-Eleonore venait de leur donner un violent chagrin, par la dureté de son caractère, ét la bassesse de son inclination, pour un Jockei. Loin de nous l'idée, de prêter de l'élevation aux sentimens, à-raison de la naissance! mais la fausse Frederique - Eleonore, étant née d'une mechante Femme, ét d'un C—in, dans le genre du *Père-Domfront*, un des Heros du *Compère Mathieu*, elle avait, ét les vices de sa conception, effet du libertinage, ét ceux du caractère de ses Parens. Toutes ses passions étaient exaltées : ét comme elle était laide, la mauvaise-humeur qu'elle en ressentait, la rendait mechante.... Nous voila suffisamment justifiés du prejugé frivole de la naissance. La pretendue Frederique-Eleonore était grosse du Jockei. Qu'on imagine la douleur que devaient ressentir un Prince ét une Princesse d'origine allemande, qui n'avaient que cette He-

ritière !.... Ils pleuraient. L'Abbé
se fait annoncer, pour une affaire in-
dispensable, autant qu'importante. Il
est introduit. · Il s'explique. Nous
sommes cités pour temoins. On nous
fait entrer. Rosière & Polhimnie,
émues, mais couvertes du voile de la
pudeur, & intimidées par la noblesse du
maintien de la Princesse, se tiennent à
la porte, le corps en arrêt. Le Prince
s'avance, les regarde, reconnait Rosière, compare ses traits à ceux de
son Epouse, & s'écrie : —On vient de
me dire, ce que mon cœur m'avait
annoncé-! Il prend ses deux Filles par
la main : —Madame (dit-il à son
Epouse), la nature parle le même langage que l'Abbé : Oui, ce sont vos
Filles, puisqu'elles ont vos traits & les
miens-. La Princesse poussa un cri-
de-joie, & caressa les deux Jennes-
persones avec transport. Elle ne pou-

vait fe laffer de les confiderer, de les reconnaître, de les careffer. L'Abbé donna fes preuves, & en promit la confirmation. Ainfi fe termina la journée, à près de minuit.

Les jours fuivans, l'Abbé a tout prouvé : La Liébaut a été punie : La fauffe Frederique-Eleonore, rendue à fon nom de Marie-Jeneviéve, fille de la Liébaut, a été envoyée aux Antilles dans une habitation, après avoir épousé le Jockei : Les deux Princeffes feront un jour reconnues publiquement ; mais on a des raisons, pour ne pas le faire aujourdhui : Leurs heureux Parens goûtent le bonheur de fe voir deux Filles, auffi belles d'âme que de corps. Elles cheriffent leurs anciennes Compagnes, & notre Cousine naturelle, devenue notre épouse, eft de leur intime Société. Isabelle va être établie par elles, de la maniére la plûs avantageuse, & Cunegonde, reconnue pour fille-naturelle par le Prince de-N**, avec une penfion, ne fera plus vue au Palais-royal. Elle a pris un train-de-vie honnête.

C'eft par cette double Avanture, que nous terminons l'hiftoire des Filles du Palais-royal Puiffe-t-elle avoir quel-qu'utilité !.... Puiffions-nous faire fou-rire les Hommes au cœur ulceré, ou les frapper d'étonnement ! Puiffions-nous, en peignant les desordres qui exiftent, engajer les auguftes Legiflateurs-natio-naux, à executer un Plan-de-reforme, auquel JOSEPH-II a été obligé d'avoir recours, lorfqu'ayant chaffé les Filles-publiques de Vienne, il a été forcé de les y laiffer revenir !

ÉPILOGUE
DE L'ÉDITEUR.

C'est ainsi que, *Petrone* nouveau, nous avons tâché de peindre les mœurs, que des abus de tout genre avaient introduites avant la Revolution. A notre manière, nous montrons combien elle était neceſſaire, au moral, comme au politique.

Ce n'eſt pas tout, Honnêtes-Concitoyens, qui nous lisez! dans les *II Parties* suivantes, vous alez voir des choses d'un autre genre, moins criminelles au fond, que l'horrible ét degradante Proſtitution; mais auſſi desaſtreuses, auſſi funeſtes. Les Etres qui vont paſſer en revue, ſont preſque tous les fruits du crime: De-ſorte qu'en vous rapportant des faits particuliers, nous continuerons à vous peindre les mœurs generales. Mais quelle a été la cause du *Sunamisme*, qui s'est introduit? Nous l'ignorons ; tout ce que nous pouvons en dire, c'est que l'Auteur d'un Ouvrage intitulé, *Hermippus redivivus*, ou *le Triomphe du Sage, sur la vieillesse et le tombeau ; contenant une methode pour prolonger la vie et la vigueur de l'Homme ; traduction de l'Anglais*, &c. a pretendu en établir l'utilité.

Nous observons ici, que cette invention, qui a deja coûté la vie, peut-être envain, à bien des Jeunesfilles, nous vient des Anglais, qui plusque-nous, ont des idés extraordinaires et bisarres... Honnêtes-Concitoyens ! nous aurions pu citer quelques-uns de ces exemples funestes ; mais nous avons preferé de ne vous parler que des Elèves d'uneFemme, longtemps, guidée par un celèbre Medecin, qui n'est plus.

L'Auteur anglais fesait agir par les effluences de Jeunefilles faines enfermées, effluences reçues par un trou fuperieur : C'eſt une folie. Lisez ce qu'en dit un Journaliſte.

L'Auteur entreprend de prouver phyſiquementle principe qui lui a fervi de guide. Si la fimple odeur des vegetaux a de grands effets, n'en doit-on pas attendre de plûs puiſſans encore de celle des Corps animés ? Nous favons, par experience, que ceux de la reſpiration humaine, font extraordinaires : on croit même aſſés generalement que, dans le cas des maladies épidemiques, l'infection en eſt propagée par les haleines corrompues. » Or fi la reſpira-
» tion humaine eſt fi fetide, fi nuisible
» et fi puiſſante, pourquoi ne conce-
» vrions-nous pas qu'elle peut être de
» quelqu'efficacité, dans les Perfones
» dont la fanté eſt auſſi franche que

» vigoureuse ? Presque Persone n'i-
» gnore combien la respiration de la
» Vache est rafraîchissante ét salu-
» taire.... ; ét comme la fragrance des
» Jeunesperfones élevées dans un regi-
» me convenable , n'est guère d'une
» moindre pureté , ne peut-on pas rai-
» sonnablement presumer, qu'elle par-
» tage les mêmes vertus » ?

L'Auteur entre , à ce sujet, dans des details très-piquans , ét finit par supposer, que vraisemblablement *Hermippus* était ou regent, ou directeur d'un Collége de Jeunes-vierges : Il conçoit ce Collége comme uniquement fondé en faveur de leur éducation, ét par-làmême susceptible d'avoir été composé d'une constante succession de Jeunesfilles, depuis l'âge de cinq ou six ans , jusqu'à celui de treize ou quatorze. Ces Jeunes-persones se levaient, en toute saison, d'assés bonne-heure. Dans le printemps ét l'été, elles se promenaient toujours dans la compagnie de leur Directeur, qui peutêtre était obligé de les entretenir, pendant la promenade, d'historiettes ét de contes gais ou moraux à leur portée. Dans l'hiver, après les exercices pieux du matin, les aimables Pupiles s'amusaient, dans un appartement entretenu au degré de chaleur convenable. Enfuite *Hermippus*, & fes Elèves, fe retiraient chacun de leur côté, pour fe baigner, f'habiller, fe mettre en état de plaire, ét à elles-mêmes, ét à leur vieil Ami. Vers midi, *Hermippus* rejoignait fon petit Troupeau ; une courte ét legère converfation precedait un bon dîner, bien gai ! Une musique vocale ét inftrumentale fuccedait à ce repas. Delà, une promenade champêtre fi le temps le permettait ; finon, quelques exercices pouffés au-point d'animer ét de colorer la physionomie, mais jamais jufqu'à la fueur ét la fatigue. La foirée n'était pas moins joyeusement employée, ét ensuite les Jeunes-Ecolières se retiraient dans un dortoir, où Chacune d'elles avait sa petite cellule.

Ajoutez à ce genre-de-vie, qu'*Hermippus* était exempt de passions, ét ne se mêlait pas de politique.

Voila un exemple bien difficile à suivre! Mais quand on ne le regarderait que comme un hypothèse chimerique, il n'en serait pas moins vrai qu'une foule des Vieillards qui ont vécu le plûs longtemps, se plaisaient dans la compagnie des Jeunes-persones, ou s'y trouvaient par leur état. L'Auteur en cite un très-grand nombre, ét entr'autres M. *Converly*, fameux maître d'une Ecole de Jeunes-demoiselles, dans *Queen-Square* à Londres. Il conserva sa santé, sa vigueur, l'amabilité de son caractère, jusqu'audelà de sa centième année, ét disait en riant, lorsqu'il entendait des

Perſones de quarante ans, moins jeunes que lui, touſſer, cracher ét ſe plaindre : *Il eſt bien dur d'avoir à vivre avec de vieilles Gens!* Ce Vieillard, après avoir quitté ſon école, n'y ſurvécut pas longtemps, ét l'on pretend que lui-même penſait, non-ſeulement vivre, mais encore jouir de la vie, ſ'il l'eût gardée quelques années de plûs.

Parmi les objections qu'on peut faire à l'Auteur, ét qu'il rapporte lui-même, ſans les affaiblir, il en eſt une qui viendra ſans doute à l'eſprit de tous ſes Lecteurs ; c'eſt celle qui eſt tirée du Sage par excellence, qui, ſelon les Annales ſacrées, n'atteignit pas même le terme vulgaire des Hommes d'aujour-dhui, quoique ſes Femmes ét ſes Concubines fuſſent nombreuses, jeunes belles, ét bien-gardées. La reponſe de l'Auteur eſt ſenſée, & conforme e tout à ſes principes. Nous renvoyons à l'Ouvrage même Ceux qui feraient tentés de la connaître (*), ainfi que pour une multitude de traits, qui pourront les amuser.

Nous terminerons cet extrait par quelques vers prophetiques du Traducteur, placés à la tête de l'Ouvrage :

> Quand ce livre paraîtra,
> Dont le titre furprendra,
> Le Pedant le fifflera,
> L'Ignorant le frondera,
> Le Bigot le damnera,
> Peut-être on le défendra.
> Mais le Savant le lira ,
> D'autant qu'il l'amusera
> Et peut-être l'inftruira.
> . . . .
> . . . .
> Ajoutons qu'il fe pourra,
> Dès que le fexe apprendra
> Que c'eft de lui que naîtra
> Ce qui nous rajeunira,

(*) Salomon jouiffait.

Et dont il s'applaudira,
Qu'*Hermippus* reüffira,
Que le Frondeur fe taira ;
Qu'alors on le prônera,
On le reimprimera,
Que le Libraire en rira,
D'autant qu'il y gâgnera
Beaucoup plûs qu'il n'efpera ,
Et que le jeu lui plaira.

L'idée du Medecin de Mad. Janus lui a été fuggerée par l'usage de nos vieilles Grand's-mères, qui affeffaient ét deterioraient leurs Petitesfilles , en les fesant coucher avec elles: Ce qui fit imaginer autrefois le Conte du *Petit Chaperon-rouge*, pour en écarter, par cette allegorie puérile.... Nous vous laiffons Lecteur , avec notre *II Partie.*

FIN de la Première Partie.